南無本師釋迦牟尼佛

本師釋迦牟尼佛 偈讚

俱胝圓滿妙善所生身

成滿無邊眾生希願語

如實觀見無餘所知意

於是釋迦尊主稽首禮

至尊彌勒

大慈恩譯經基金會館藏　洛杉磯福智基金會、北加福智基金會迎請

至尊彌勒 偈讚

大慈火燒瞋恚薪

智慧光滅無明暗

紹法王位眾生怙

住兜率尊誠頂禮

二世妙音笑大師

大慈恩譯經基金會館藏　張絖維、陳拓維闔家迎請

二世妙音笑大師 偈讚

雪域智哲咸攝受

住持深廣教授藏

法王成熟度具緣

無畏王足誠祈請

地道建立

三乘莊嚴甚深引導筆記

造論／功德海格西
總監／真　如　授義／如月格西
主譯／釋如密　主校／釋性浩

大慈恩・月光國際譯經院

ས་ལམ་གྱི་རྣམ་གཞག་ཐེག་གསུམ་མཛེས་རྒྱན་
གྱི་ཟབ་ཁྲིད་ཟིན་བྲིས།

五大論譯叢總序

佛典浩瀚深邃，其智慧與慈悲千百年來穿越歷史，凝眸當代。為生命者，無不希望除苦，無不希望得到快樂，而除苦引樂之方便，雖多如牛毛，細不可數，然立足於解決眾生因無明障蔽而產生的生死之痛，指出所有痛苦皆可除，所有快樂皆可得者，唯佛陀爾。

最徹底無餘地去除痛苦之法，所有的快樂皆能修成之法，即是三藏要義，為法寶。以佛為師，依其教法而修學，浩浩然千古不變，高僧大德輩出於世，燦如日月，美如星河，抒寫出人類對於幸福追求的頌歌，千經萬論，如金鼓鳴響史冊，法音流轉，三千驚歎，群蒙得潤。

佛陀為了利益一切有情而發菩提心，三大阿僧祇劫積聚資糧，終成正覺，其間四十九載宣說法要孜孜不倦。佛法弘傳至今兩千餘年，漫長歲月中，無量有情依仰著佛陀宣說的教法，而得到從人天善果到不可思議成就的種種饒益。因此寂天佛子說：「療苦唯一藥，眾樂出生處，聖教願恆住，受供養承事。」至尊法王宗喀巴大師也曾說過：「世尊事業中，語事為最勝。又復因於此，智者隨念佛。」佛陀的教法，實是欲解脫者唯一舟航，是

欲竭生死海者殷殷渴盼的無死甘露，是這個世上最為珍貴稀有的無價寶藏。

為導眾生，世尊示現十二事業，成道之後，由於所化機根性不同，宣說了八萬四千法蘊。而八萬四千法蘊又可以攝入三轉法輪之中。初轉法輪有《法輪經》等，以小乘行者為主要所化機，而宣說四諦等等的內涵；中轉法輪有《大般若經》等，以大乘中觀師為主要所化機，宣說諸法無相的內涵；後轉有《解深密經》等，以大乘唯識師為主要所化機，宣說了三無自性性等的內涵。世尊般涅槃之後，阿難、鄔波離、大迦葉尊者，分別結集世尊的語教經律論三藏，一代釋迦教法，於焉集成而傳於世。

三藏雖傳，然而後世學人，如何從浩瀚的佛語當中，抉擇出一條所有補特伽羅都必經的成就之路？佛陀所說的法要，如何化為行持的準則？佛法當中的猶如金剛鑽石般璀璨的核心見地——無我空見，其正確的闡述為何？如何闡述？次第為何？三藏當中所說的種種法相，其嚴密的定義為何？佛法當中種種的立宗，應當以怎樣的理路去研習、證成？後世歷代教法傳持者，雖隨著眾生的根機，分別形成了有部、經部的小乘論宗，及中觀、唯識的大乘論宗，然而無不遵循著這些重要的議題，深入地探討佛語而製疏造論。龍樹菩薩、聖天菩薩、馬鳴菩薩、清辨論師、佛護論

師、月稱論師、月官論師、獅子賢論師、觀音禁論師、寂天佛子、無著菩薩、世親菩薩、安慧論師、功德光論師、釋迦光論師、聖解脫軍、陳那菩薩、法稱論師、天王慧論師、釋迦慧論師等等，這些祖師們留與後人的論著，為我等學人開示佛語的密意，指示趣入三藏的光明坦途，為探索三藏要義者前路的燈塔、頭頂的星辰。因此諸大論師們被譽為開大車軌師，或持大車軌師、贍洲莊嚴，成為難以數計的學人隨學的光輝典範。

　　當印度的正法如日中天之時，遠在漢地的高僧，為了探尋佛法的真義，而前往西域者，不知凡幾。如五世紀初的法顯大師、法勇大師，七世紀的玄奘大師、義淨大師等，或走陸路，翻越雪山臥冰而寢，攀爬數日無處立足的峭壁，不顧生命，勇悍穿行千里無人的沙漠。或走海路，相約同志數十人共行，臨將登船，餘人皆退，唯己一人奮勵孤行。古來的求法高僧，以寧向西行一步死，不向東土半步生的毅志，終將三藏傳譯漢土。而藏地自七世紀以來數百年間，諸如吞彌桑布札、惹譯師、瑪爾巴譯師、寶賢譯師、善慧譯師，也都是冒著熱病瘴毒，將生死置之度外，前往印度求法。於是才將三藏經續及諸大論師的論著，大量傳譯至藏地。由於先輩譯師們追求正法的偉大行誼，佛陀的教法，才能廣佈於遙遠的國度，而形成如今的北傳、藏傳佛教。

時遷物移，印度佛法至十二世紀令人痛心地消失殆盡。如今，保留著最完整的印度祖師佛法論著的語系，已不是印度本土的梵文，也不是巴利語系，而是藏語。藏族譯師，經過近千年的努力，譯出的印度祖師論著多達三千多部，約二百函。不計禮讚部及怛特羅部，也有近七百部。藏族譯師，不僅譯出了大量的印度祖師論著，諸大教派各成體系，對於這些論藏做了深入地研習。其中顯教法相的部分，以噶當、薩迦二派諸師為主要傳持者。至十四世紀，宗喀巴大師降世，廣學經論注疏，結集各派之長，為諸大論典作了詳明的註解，尤就其甚深難解之處，清晰闡釋，為學人奉為頂嚴。其高足賈曹傑、克主傑、根敦主巴，也依著宗喀巴大師之說，而造論著述，為格魯派後學奉為準繩。宗喀巴大師創建甘丹寺祖庭之後，至第三代法台克主傑大師，始創建法相學院，漸漸在諸大論著之中，確立《釋量論》、《現觀莊嚴論》、《入中論》、《俱舍論》、《戒論》為主軸，從而含攝其餘眾論的學習體系。其後三大寺中各學派的論主──色拉杰尊巴、班禪福稱、袞千妙音笑等，又依宗喀巴大師父子的著作，再造五部大論的著釋，而形成三大學派。至五世勝王時期，成立正式的五部大論格魯大考的哈朗巴格西考核制度，五部大論的研習制度，從此完備，延續興盛了數百年，並且擴及四川、青海、甘

肅、雲南、拉達克、內蒙、外蒙等區域。涵蓋了這麼廣大的地區，經歷了這麼多的世代，五部大論的修學體系，令人驚歎地成為這世界上最為完備的佛法修學體系。

五部大論中，以《釋量論》作為首先學習的內容。法稱論師所造的《釋量論》對於因明之學做了詳盡的闡述。《藍色手冊》中，就記載有「成辦一切士夫義利的前行就是量論」的說法。學人先學習《釋量論》的內容，訓練自己的理路，如造一艘大船，可乘之航行無邊大海。一旦熟練地掌握理路論式，以及各種法相，即可運用這些辨析的方式貫穿整個五大論的學習。因此，《釋量論》成為五部大論中第一部學習的論典。由於《釋量論》的內容極為艱難，藏地的祖師們慈悲開出了《攝類學》、《因類學》、《心類學》三科，作為《釋量論》的前行課程，以幫助後學進入精彩的思辨聖殿，以窺真理之光。進而廣展雙翼飛越難點高峰，而遊於甚深理之虛空。

五部大論中的第二部《現觀莊嚴論》，為五部大論中的主體核心論典。《現觀莊嚴論》為至尊彌勒所造，闡述經中之王《般若經》，是學習般若的快捷方便。《現觀》透過三智、四加行、果位法身等八事，來開闡《般若經》中所隱含的三乘行者修行的完整次第。在正規的學程中，必須經過六到八年的時間來研習本

論。並且在前行課程中，學習七十義、地道、宗義，過程中學習附帶的專科《二十僧》、《辨了不了義善說藏論》、《十二緣起》、《禪定》。至此，學人猶如入海取寶，琳瑯滿目，美不勝收，心船滿載智慧寶藏。

五部大論中的第三部《入中論》，為應成派的月稱菩薩闡述中觀空見的論典，專門闡述龍樹菩薩解釋《般若》顯義空性的《中論》，為五部大論中，探討大乘空見最主要的論典。猶如皓月當空，朗照乾坤，為諸多探討空性者，指示正道，令離疑惑及怖畏，萬古深恩，令人銘感五內。《中觀》常與《現觀》合稱，被並列為五部大論中最為重要的兩部，交相映輝，光灑三千。

五部大論中的第四部論著《俱舍論》，為世親菩薩所造的小乘對法論著。此論對於佛法中的種種法相，做了全面性的歸納及細緻探討。猶如收藏百寶之室，若能登堂入內，大可一覽天上天下眾多珍奇。

五部大論中的最後一部《戒論》，為功德光論師對《根本說一切有部毗奈耶》的攝要，詮說共乘別解脫戒的內涵。皎潔戒光，通透論典，令人一閱，遍體遍心清涼，實為濁世不可多得的解脫妙藥。

諸多教授五部大論的師長都曾傳授這樣的教授：五部大論以

詮說總體修行次第的《現觀》為主體，以《釋量論》作為學習《現觀》的理路，以《中觀》作為《現觀》中空見的深入探討，以《俱舍》作為《現觀》的細分解說，以《戒論》作為《現觀》的行持。學習《釋量論》重在論辯；學習《現觀》重在廣泛閱讀，架構整體佛法次第綱要；學習《中觀》重在體悟空性正見；學習《俱舍》重在計數法相；學習《戒論》重在持守律儀。至尊上師哈爾瓦・嘉木樣洛周仁波切，在《法尊法師全集序》中，也以五部大論如何含攝經律論三藏要義、大小二乘要義、三轉法輪要義、四部宗義要義、二勝六莊嚴論著要義五個角度，闡述格魯派學制為何以五大論作為顯乘修學的主體內容。從這些內容當中，我們可以認識到，五部大論對於令學人掌握整體佛法修學，有著怎樣的超勝之處。

　　漢藏兩地，各經近千年的佛經翻譯歷史，二者璀璨的成就，可謂相得益彰。漢地的《大毗婆沙論》、《大智度論》、《四阿含經》，為藏地所缺。而漢地則在五部大論的翻譯以及闡述方面，未如藏地完備。如《現觀莊嚴論》，在法尊法師之前，漢土幾不聞此論。因明部分，漢地先前只有《因明正理門論》等少數論著，至於《集量論》、《釋量論》、《定量論》等，也是到了法尊法師時才譯出的。《中論》雖早有漢譯，且有《青目釋》、

《般若燈論》等印度釋論及本土三論宗的著述，然瑜伽行自續派及中觀應成派的論典，猶多付之闕如。《俱舍》一科的論著，漢地較為完備，然印度釋論如《王子疏》、《滿增疏》，藏地論著如《欽俱舍釋》等，於漢土亦不無補益。律論方面，由於漢藏兩系所傳系統不同，因此藏地所依的一切有部律，漢地除了有義淨大師譯的《根本說一切有部毗奈耶》之外，並沒有一切有部律的論著。這方面，藏系中的印藏論著，同樣可以完善漢系中的空缺。

　　五部大論相關的藏譯印度論著，合計起來，至少有一二百部。這些印度論著傳入藏地之後，歷代藏地祖師為之注釋，其論典更是在千部之上，其中不乏有眾多數十萬字的巨製大論。蒙族在五部大論的學修方面，與藏族難分上下，而蒙族對於五部大論著有注釋的論著，也都以藏文形式保存著。總合藏文五部大論體系論著的數量，幾乎與漢地現有的《大正藏》相等。如此巨大而珍貴的寶藏，數百年來就非常活躍地流傳於藏地，卻不為比鄰的漢人所知。直到近代，法尊法師譯出數部重要的論著，如《釋量論》、《集量論》、《現觀莊嚴論》、《辨了不了義善說藏論》、《入中論》、《入中論善顯密意疏》、《入中論善顯密意鏡》、《阿毗達磨俱舍釋開顯解脫道論》等，漢土的有情方有機

緣得以見聞此諸教典。法尊法師為藏譯漢的譯師先驅，引領著我們。

　　恩師上日下常老和尚，經過多年親身的修學歷程，深刻地體悟到，學習佛法，絕不可逾越聞思修三者的次第。而要修學圓滿的佛法，必須在最初階段，對教典進行完整的聞思。因此恩師對廣大的信眾學員，致力弘揚《菩提道次第廣論》，對於內部的僧團，更是從一九九四年起，開始招收沙彌，延請師資，教令學習古文、藏文，作為未來學習五部大論、翻譯經典的準備。二零零四年恩師示寂至今，福智僧團的學僧們，依舊秉持著恩師的遺願，十餘年如一日，艱辛地完成五部大論的學程。並且在寺院中，開設了十多個藏文五部大論的學習班級，近期也開始翻譯，以中文的方式教授五部大論。雖然，如今我們開始起步所翻譯的教典，只是滄海一粟，但卻也是宏偉譯經事業的巨輪莊嚴啟動。譯師們滴滴心血凝聚譯稿，寒暑往來，雖為一句經文，皓首窮經亦無憾。在此祈請上師三寶加持，龍天護祐，相信藉由祖師佛菩薩的願力、僧眾們的勇猛精勤力，這些廣大的教典，能成為漢地有緣眾生的豐盛法宴！以濟生死貧窮，以截人法二執苦根，三界火宅化為清涼無死佛國，是吾等所盼！

　　　　　　　　　　　　2017 年 10 月 15 日 真如於加拿大敬書

地道建立
三乘莊嚴甚深引導筆記　目錄

011　　五大論譯叢總序
021　　目錄

《地道建立・三乘莊嚴甚深引導筆記》

020　　卷一
049　　卷二
075　　卷三
097　　卷四
105　　附錄　大慈恩譯經基金會簡介與榮董名單

卷一

為了一切如母有情的利益，無論如何應該要迅速迅速地獲得大寶圓滿佛果。為此要聽聞如此甚深的正法。將此調整動機的次第明現而做聽聞。

聞法必須善加地將調整動機的次第明現而聽聞，這樣的動機在「諸佛正法眾中尊，直至菩提我皈依。我以所行施等善，為利眾生願成佛」這段文中有顯示。

其中，「諸佛正法眾中尊，直至菩提我皈依」這段是皈依文。皈依境——三寶，在文中的「佛」顯示佛寶；「正法」顯示法寶；「眾中尊」顯示僧寶；所以，必須在心中現起皈依境的上師三寶為皈依境。之後提到「直至菩提我皈依」，此句表示：「從今天開始，直至尚未獲得菩提以前，祈請作為自他一切有情救拔出有寂所有怖畏的皈依！」在三乘的皈依中，必須明現大乘的皈依。

「我以所行施等善，為利眾生願成佛」這最後兩句就是調整聞法的動機。提到「我」應該要各自思惟即是自己；「所行施等善」開示三事福德——施所生福、戒所生福、修所生福，依靠個人三門所造集的善行與福德，「為利眾生願成佛」，為了饒益一切有情，願我能獲得佛果。為此而聽聞這樣的甚深正法。你們要明現上述所思考的動機。

要聽聞大乘佛法，動機一定要以大乘皈依、大乘發心或大寶菩提心兩者攝持。上述這段頌文開示了這些內容，所以在各位的內心現起這些詞意的狀態中念誦「為利眾生願成佛」的話，是能有那動機的，聽聞佛法也能成為大乘法。如果沒有以大乘皈依及大乘發心攝持的話，所聽聞的內容雖然是大乘法，但是不能成為大乘法，卻會變成中乘或小乘法，所以最初要好好地思惟動機。

透過如此殊勝的動機攝持而聽法，這次所祈請而要聽聞的法為介紹三乘五道的內涵。總的來說，沒有不含攝在三乘五道當中的法，因此它的內涵非常廣博。這裡在遍智·寶無畏王大師的《地道建立·三乘莊嚴論》之上依序並約略地說明。

所謂的三乘，就是聲聞乘、獨覺乘、大乘。五道：資糧道、加行道、見道、修道、無學道。這些道的體性依序簡略說明的

話，三乘各自都有五道，其中第一聲聞道當中有聲聞的五道：聲聞資糧道、聲聞加行道、聲聞見道、聲聞修道、聲聞無學道。同樣地，獨覺道也有獨覺的五道：獨覺資糧道、獨覺加行道、獨覺見道、獨覺修道、獨覺無學道。大乘道中也分了大乘資糧道、大乘加行道、大乘見道、大乘修道、大乘無學道的大乘五道。所以三乘當中共有十五道的算法即是如此。

佛教當中除了三乘並沒有這以外的四乘或五乘，也沒有不含攝在這三乘當中任何一者的其他乘；沒有超出十五道的道，也沒有不含攝於這當中的道。在大乘當中，只提及其分類數目的話，有波羅蜜多乘及金剛乘兩種，或顯密兩種大乘。

從進入聲聞道當下開始，就是資糧道聲聞。同樣地，獨覺和大乘也一樣，進入獨覺道當下就是資糧道獨覺，進入大乘道當下就是資糧道大乘行者。是入道補特伽羅的話，最下必須獲得資糧道。若將這樣三乘道的次第作統攝的話，都統攝在三士道次第中。無等阿底峽尊者的《菩提道炬論》中安立了上、中、下士道次第各自的性相。又，聖者無著的《攝分》中針對下士夫也有安立三種次第，因而三士道次第中有含攝三乘的一切道。大乘的五道即是上士道，獨覺五道與聲聞五道全部都是中士道，下士道則

必須在未入道的補特伽羅相續中安立。透過厭惡耽著現世而主要希求來生以後的補特伽羅，在他的相續中安立下士道。三乘道中並沒有下士道，而大乘中有五道十地，那全部都是上士道。

如果說：所謂的下士夫，必須是怎樣的一個人呢？由於很好地思考了暇滿難得及死無常等，認為此生沒有心要，為了成辦來生以後的利益而修行正法；在懷著那樣的動機的狀態中，在今生與後世中主要緣著後者，僅為了自己的利益而修學佛法的補特伽羅，稱之為下士夫[1]。

一般而言，所謂的「三士道」，是三種補特伽羅的道，而所以稱為「三士道」的理由，是由於「士夫」的梵文對字為「補入卡[2]」，解作「有能力」之義。所有的「士夫」是指「具有驚人偉大的能力」。具有什麼能力呢？是指在得到暇滿所依身之上，如果想要成辦此生的追求，是具有成辦那追求的能力；如果想獲

---

[1] 此據《菩提道燈論》：「若以何方便，唯於生死樂，為自利希求，知彼為下士。」見宗喀巴大師著，法尊法師譯《菩提道次第廣論》附錄，阿底峽尊者造，法尊法師譯《菩提道燈論》。第561頁。（台北市：福智之聲出版社，2017。）

[2] 此據貢唐・寶教法炬《現觀辨析第一品箋注》：「嘎欽說：不稱三補特伽羅，而稱三士夫，是為令理解士夫的對字『補入卡』趣入具有能力者，因此這三者是從覺知能力強弱的角度而安立。」

得來生以後的增上生——人天的果位、梵天、帝釋天、大王等果位，在此世的所依身之上也能成辦。不僅如此，想要獲得解脫及一切相智的果位，三乘的涅槃——聲聞的涅槃、獨覺的涅槃、大乘的涅槃或無住涅槃，無論想獲得何種涅槃，在此所依身之上也能成辦，所以具有強大的能力。不僅是個人的利益，要成辦一切有情的利益，也能在這所依身之上成辦。如果獲得一切智智的果位，不僅個人的追求，一切有情的利益都能在此所依身之上成辦，所以這個暇滿的所依身是非常地珍貴、具有廣大利益及難以獲得，具有這樣的能力者。在獲得了如此的所依身之上，一定要去修行正法。

所謂「具有暇滿所依身的士夫」，由於具有如此的廣大能力，因此我們必須致力進入相續中具有三士道次第任何一者的行列。在我們得到這樣的所依身之上，一定要修行正法。一定要修行正法的理由，是因為我們都欲求快樂而不想要痛苦；要成辦追求的安樂，不依靠正法根本無從成辦，因此個人來生以後的安樂，不依靠正法是沒有其他方式的，所以一定要修行正法。

又，所修行的法是否成為法，必須從各自的動機來看；是否進入三士道次第其中的範疇，歸結於修法的行者自己的動機如

何。如同《道炬論》及《道次第論》等當中所說，最下必須成為下士法。那樣的意樂一旦在相續中生起了，就是真正地在修行正法，那顆心也正趣向於法；如果沒有進入該行列中，縱使修法也不成為法。因此，修行佛法時，會有一種動機是只緣著此生而修法的人，以及心根本未趣向佛法，不修行佛法的人，甚至不承許佛法的邪見者。修行佛法的行者當中，有僅緣著此生並為此修法的人。即使他在修法，但是他的法並沒有成為清淨的法。

修持佛法一定要修清淨的法，若不修行清淨的法，很難幫助到來生以後；如果修的是一個清淨的法，一定能饒益到來生以後。所以說，要修一個清淨的法，需要怎樣的動機呢？必須緣著來生以後。就算主要不考慮今生，或者不為了此生而修持佛法，也不會有過失。必須思惟：此生不過是短暫的，再怎麼長也沒有至極長久的存活時間，這樣不會有過失。

此生如何端賴於前生造業所致，我們除此也無可奈何，主要觀待於業。因此是否緣著此生都一樣，今生都是隨著前世的業而來，前世沒有造那樣的業的話，今生再怎麼做也很難發生。所以此生僅有一次，時間短促，而所謂的「來生」的時間仍非常長久、久遠。若有人因此思惟，為了來生以後能出生安樂，透過希

卷一

求一己來生的增上生——人天果位而去修行佛法的話,就是《道炬論》直接顯示的下士夫。那樣的下士夫也稱為一般的殊勝下士[3]。

一般來說,下士夫有上品下士、中品下士、下品下士共三種。下品下士是根本不修法、不思考法、不承許法的這種補特伽羅。中品下士是既承許、修行佛法,然而也會造罪,會交替地修法與造罪,過著為此生而生活的這種補特伽羅[4]。上品下士就是《道炬論》直接顯示的下士,他修持著清淨的法,在佛法與世間二者當中唯以佛法為主;只為了一己之利,為獲得來生以後的增上生——人天果位而修持正法的補特伽羅。

針對下士夫,聖無著菩薩的《攝分》中宣說了三種[5],還有

---

3 此據妙音笑大師《現觀辨析》:「不以此生為重,僅以法單純希求來世輪迴安樂的補特伽羅,這是殊勝下士夫的性相。」貢唐‧寶教法炬針對此文於《現觀辨析第一品箋注》中說:「《道炬論》直接顯示的下士夫遍是此,因為班禪大師所著的《道炬論釋》中說:『總體而言,下士夫也包含僅僅希求現世,然而此處必須趣入增上生的無誤方便。因此,此處所說的下士夫只有一種,沒有其他支分』的緣故。」

4 此依妙音笑大師《現觀辨析》所言:「以法及非法僅僅成辦此生的補特伽羅,這是中品下士夫的性相。」

5 玄奘大師譯《瑜伽師地論》卷61云:「或有受欲,非法孟浪積集財寶,不能安樂正養己身及與妻子,廣說乃至不於沙門、婆羅門所修殖福田。或有受欲,法或非法、孟浪或非積集財寶,能以安樂正養己身、妻子、眷屬及知友等,不於沙門、婆

在《攝分》中宣說了二十三種安立下中上士的方式[6]。下士夫分成三種中的下品下士,其性相安立為:以非法只追求此生安樂的補特伽羅[7],事相即如經常殺害有情性命而過著各自生活的漁夫等人,就是下品下士。中品下士是指:摻雜法與非法二者而只希求此生安樂的補特伽羅[8],指除了此生不考慮來生而禮拜的人,雖然進行供養等法,動機卻只為了今生而修法的人。上品下士則是我們平時所說的下士,唯以佛法而僅希求來生以後的增上生的補特伽羅[9];他並未考慮解脫及一切智智,不去造非法的行為,主要唯透過佛法而僅希求來生以後的增上生的人天果位。提到

羅門所修殖福田。或有受欲,一向以法及不孟浪積集財寶,能以安樂正養己身,廣說乃至能於沙門、婆羅門所修殖福田。此三種中,初名下士,次名中士,後名上士。」(CBETA 2023.Q4, T30, no. 1579, p. 643a13-22)

6 詳細可參見《菩提道次第廣論・四家合註白話校註集》第一冊,第469-471頁。(宗喀巴大師造論;巴梭法王等合註;法尊法師譯論;釋如法、釋如密等譯註,《菩提道次第廣論・四家合註白話校註集》第一冊,臺北市:福智文化,2016),以下簡稱《四家合註》。

7 此據妙音笑大師《現觀辨析》所言:「以非法單純希求此生安樂的補特伽羅,這是下品下士夫的性相。」

8 此據妙音笑大師《現觀辨析》所言:「以法及非法僅僅成辦此生的補特伽羅,這是中品下士夫的性相。」

9 此據妙音笑大師《現觀辨析》所言:「不以此生為重,僅以法單純希求來世輪迴安樂的補特伽羅,這是殊勝下士夫的性相。」

「僅」，排除了欲求或希求獲得解脫及一切智智的想法[10]。

上述的下士夫當中，分為三者中的中品下士是有各式各樣的。我們承許法的人當中，屬於中品下士的人也比較多。這部分要好好思考。雖然喜好佛法，承許佛法、也正在修持佛法，但所緣卻只是考慮此生而修持著佛法。

一般而言，不僅僅考慮此生，一定要緣著來世以後。若不緣著來世以後，所修的法無法成為一個清淨的法。雖然需要成辦此生的利益，但是在今生及後世二者當中，必須主要緣著後世的利益。如果緣著後世而修持正法，說要附帶著造罪是很困難的，即使造了罪，由於有緣著來世，所以所修的法能成為清淨的法，所造的罪雖然是罪，但能夠依靠佛法而淨化。我們說要不造罪是非常困難的，但是主要緣著來生以後而修持佛法是很重要的。因此，上品下士就是一位緣著來生以後，唯修持法來希求增上生人天果位的人；他所行持的法，就正在成為清淨的法。

此處所修的法，即是暇滿所依身難以獲得及義利廣大。透過因、體性、譬喻三方面數數思惟難得以及義大的道理，在這之上

---

[10] 此據妙音笑大師《現觀辨析》所言：「此處『唯……三有樂』遮除三有增上生以外的其他。」

反覆地修習暇滿迅速壞滅的念死無常，就能遮止對今生的耽著、愛著。由於這個原因，他所行持的法，就在為來生的利益而努力。要成為幫助來生的方便，暇滿難得與死無常等非常重要。中品下士雖然也在修學佛法，但也要稍加修習暇滿難得與死無常等。如果修習那些法類的話，便能遮止只緣現世之心。由於死亡無常，所以今生時間並不太多；由於暇滿難得，未來能得到如此殊勝的修法所依身是很困難的；必須將這兩者結合而思惟，以遮止對此生的耽著，上品下士便是知曉如此而修。若能遮止對今生的耽著，則會緣念後世，因此中品下士的意樂也能成為佛法。上品下士和中品下士都承認正法，並且都一樣會修持佛法，然而由於修法的意樂不同，導致結果有別。然而就算是中品下士，要修習死無常及暇滿難得等等也是非常重要的。

若能好好地如此思惟而修習，確定明後天就將死亡，那樣的話，就會遮止、消除貪戀所有今生的財富、受用等，持續地修習暇滿難得、死無常等，無論是中品下士或上品下士都是極為重要的。透過這麼修習，首先能讓自心趣向法，非常的重要，關鍵之處就在那。

雖然承認佛法，有修學佛法，也造集一些罪業，但修法的意

樂若僅僅緣著今生,法是不能成為清淨的。這樣的結果,即使能利益到今生,產生財富、受用與安樂,但這樣行持佛法,只成為今生的工具,對來世以後沒有幫助,所以不成為清淨的法。所謂清淨的法,是指來世以後,久遠的時間當中能出生安樂的一個方法。如果僅變成今生的工具,不能算作是法。因此,中品下士應該好好地思惟,觀察自己是否能在相續中生起上品下士的意樂。修習了死無常與暇滿難得等,然後思惟自己是否只是成辦今生的利益,若能產生緣著來世以後的想法,那樣的心便正趣向於法。這之間有一些關鍵,所以要好好地思考。

那樣子的中品下士是內道佛教徒,他的相續中有皈依。他在皈依時,是為了救拔今生的部分痛苦而皈依。這樣去皈依的話,雖然上師三寶會救護他拔除今生的部分痛苦,但是他只考慮此生而沒有思及來世以後,故而無法對來生產生助益。因此,讓自己的心能夠趣向於正法是極為重要的。僅僅緣著此生而為了所追求的財富、權勢、名譽、家族、地位等等去皈依的話,就算上師三寶會救護,但除了此生,無法救護來世以後。這是由於一開始他的皈依方式所致,只緣著現世而已。

此生我們無論是誰,終究沒有不死,一定會走向後世。由於

趣向的來世也只有善趣和惡趣兩種，這兩條路中不善業的力量強者走向惡趣，善業力量強者則將投生於善趣。來生無非隨著黑白業而投生，要投生到善惡何趣自己是無法自主的。思及此點，若生在惡趣，惡趣苦是如此難忍且無量無邊，為了不要領受這些痛苦，必須考慮來世而皈依。

我們所有人都會說：「最下也要不墮落惡趣，願能獲得善趣果位。」這樣發願並皈依的話，來生不必然走向惡趣。而來世能不必然走向惡趣，能獲得善趣果位的方法，最主要的就是深信三寶的信解信心。雖然稱作皈依，主要也就是深信三寶的信解信心。

接著要守護皈依的學處及業果。不論是否是佛教徒，都必須斷除十不善；論及來世能夠獲得善趣果位的方法，就是皈依及其學處——業果和斷十惡的戒律。如果能好好地守護斷十惡的戒律，所有的皈依學處都含攝在此中。在這之上緣取的是為了來世以後的利益，當發生希求增上生人天果位的心，就從中品下士轉變成上品下士。這樣的轉變是極為重要的。若有了如此的轉變，他所實踐的佛法全部都成為正法，全部都為了獲得增上生人天的果位。所以如《廣論》等所說，心是否成為法的界限，即在於若

生起了一個稍微厭惡耽著此生，主要希求來世這樣的想法，即成為上品下士；心成為法的標準也由此安立。至於所有的方法，則是上述所說內容。

能很好地學習斷十惡的戒律，就能在當生成為上品下士。無論是下士或中士，都是以能得增上生人天果報的主要方便——斷十惡的戒律為根本，以及布施等為輔助、無垢淨願加以結合，如此來生一定能獲得增上生人天的果位。

上述提到下士夫有三種，其中的下品下士用非法而只求今生的安樂，譬如像屠夫。但是佛陀也對他們宣說了方便。有一位叫做聖迦旃延的大阿羅漢蒞臨邊地後，對當地的屠夫、漁夫等唯以殺害其他生命而過活的人們說：「你們白天要殺生，但是夜晚是否需要殺生呢？」他們回答說：「不需要。」於是阿羅漢說：「那麼你們晚上發誓不殺生的話會很好的。」便為他們傳授了晨戒、夜戒二者當中的夜戒。雖然那並非真正的齋戒，但是有殊勝的利益，因此尊者他如同傳齋戒一樣，讓妓女們受持晨戒，讓屠夫們受持夜戒，安置於（非律儀非非律儀的）「中間善」。受持晨戒與夜戒的果報，由於他們殺害了許多生命，雖然投生地獄，卻生於獨一地獄；雖然生在那，有受夜戒的夜晚就能受用人天的

安樂，等天明則又領受地獄之苦。投生在這樣交替地受苦享樂的地獄中。這也是一個利生的方便。所以下品下士那些根本不實踐法的人，其中有些人也會認為佛法很好，但是沒有時間去修，就讓這些人受持晨戒或夜戒。世尊傳授這種修善的方法，從聖迦旃延尊者那將此方法傳給居士。

《廣論》中也有提到三士道──下士道、中士道、上士道，其中下士又有上品下士、中品下士、上品下士三種。下品下士是不修法的，但其中也有不修法卻對佛法有好感的人，因此佛對他們宣說了可以修持佛法的方法。中品下士是修持法的人，但是修法時卻只考慮此生，所以法無法成為清淨的。上品下士是真正的修清淨法的人。這就是我們在《道炬論》中所說的下士夫。

一般來說，《攝分》中所說的上品下士與《道炬論》中所說的下士是同義的，所以要修持一個清淨的法，最下需要是一位這樣的上品下士。《道炬論》中所說的下士必須是一個怎樣的有情？不耽著今生，只為了一己之利，在今生來世當中主要希求來世增上生人天果位的補特伽羅，那樣的有情就是《道炬論》中所說的下士。要修持一個清淨的法，最下必須是這樣的一個意樂。遮除了耽著此生而只為一己之利唯希求來世輪迴增上生的補特伽

羅,這是下士夫的定義;遮除了耽著此生而只為一己之利唯希求來世輪迴增上生的意樂,下士道的定義[11]。所謂的「下士夫」與「下士道」的差別即是如此。

提到「下士道」,是指他相續中的意樂或功德,他相續中的證達死無常的覺知與斷十惡的戒律,可以安立為下士道的事相[12]。最初證達死無常的覺知對上中下三士都是很重要的,雖然下士相續中的那個覺知是下士道,但如果就一般所說「證達死無常的覺知」而言,則是上中下三士共通的道[13]。由於是所有人都需要的道,所以稱為「共道」。心要趣向法必須證達死無常,那麼,所謂的「死無常」是怎樣的內容,證達它的標準又是什麼呢?

---

11 此據妙音笑・寶無畏王《地道建立・三乘莊嚴論》,第4頁:「只為自利而僅以後世的輪迴增上生為主要希求,由那一分而安立的意樂,這是殊勝下士道的性相。」(妙音笑・寶無畏王大師,克主傑大師,祥雄巴・法自在稱大師造論;釋如法主譯《地道建立》。臺北市:福智文化股份有限公司,2021)

12 此據妙音笑・寶無畏王《地道建立・三乘莊嚴論》,第4頁:「事相,即如下士相續中證達死無常的覺知,以及斷十不善的戒律。」。

13 此據妙音笑・寶無畏王《地道建立・三乘莊嚴論》,第5頁:「既是三種士夫共同的行持,又是要在自相續中生起中士道,最初必須對此修心的意樂,這是共中下士道的性相。事相,即如證達死無常與惡趣苦的智慧。」

雖然有說思惟死無常之後必須對死亡產生畏懼，但是所謂「必須對死亡產生畏懼」，也沒有必要生起跟一般畏懼死亡一樣的恐懼。原因是死亡不是我們所能避免的，我們無論害怕死亡與否，死亡都會來臨，根本沒有阻擋的能力，所以不管是誰，從佛法或世間科學的角度來說，也都沒有不死，或死亡不來臨的一個辦法。不僅如此，終究要死，無論恐懼或不恐懼，它確定是會來到的，因此並非是要單純對死亡產生恐懼。

所有活著的人從以前至今，都在朝向死亡，沒有一個能夠超越死亡的人，每個人也都知道最後要面臨死亡。因此，僅僅如此並非證達了死無常。所謂修死無常，不是只修思惟終有一死的意思。那麼要怎麼修死無常呢？要生起恐懼的話，必須生起恐懼死後投生於惡趣，以及畏懼還沒有修成佛法便死亡。沒有修成佛法便死亡確實是要恐懼的地方，原因是會因此而墮落惡趣，所以也是一件要畏懼的地方。然而，是有死後不用墮落惡趣的方法。所謂畏懼死亡是指畏懼沒有修成佛法而死這件事，如果有好好地修學佛法的話，即使死亡來臨，也沒有需要感到恐懼。如果能畏懼沒有修成佛法而死，心中便會生起要去修學法的想法；一旦好好地修學佛法，死了不用投生惡趣。綜上所述，所謂的怖畏死亡，

是指怖畏死後投生於惡趣的這種畏懼。生起這種怖畏而致力於不會投生惡趣的方法，這叫做修學死無常。

那這樣子的死無常是什麼呢？它的反面即是執取為常的覺知或稱常執。認為今天不會死，今天還是不會死的這種想法，就是執取為常的想法。以為我今天不會死而一如往常那樣待著，那就稱為常執。雖然沒有念及我不會死亡，但是想著今天不會死、明天還是想著今天不會死的心，這一直到臨死以前都會存在。即使死亡將至，仍然會想著「哦！今天應該不會有事，我現在還沒死」的心，這叫做常執。排除這樣的心而認為「今天無法確定會不會死，但是大概還不會死」，還是不能遮止常執，必須生起「今天一定會死」的想法。不生起此心，就會在「今天不會死，今天大概也不會死」的狀態中度過人生，被這認為不死的心覆蔽，從而生起此生能夠長久活下去的想法。當生起了這樣的想法，就會在可以長久活著的狀態下，去追求自己要這要那等等，追求此生的恭敬、美名、財富等許多想法，皆由此而來。一旦有了能長久活在這世上的想法時，就會考慮需要這個那個等等東西，並為此付出努力，所以能修法的時間就將變得稍加困難。由於這個原因，必須生起「何時死亡時間不能確定，今天大概會

死」的想法；要生起此心，必須修習死無常。修死無常不只是思惟「我必須死」而已，修有觀察修與止住修兩種，其中修習死無常及修習惡趣苦這些都是觀察修，必須作許多觀察思惟而修習。因此初修業者們必須多作一點觀察修。思惟暇滿難得、死無常、惡趣苦、親近知識軌理等都必須觀察修，所以對於死無常也必須多作觀察而修習。修習方式如果是按照《廣論》中針對死無常提到透過三項根本、九種原因而修死無常的方式去修的話，在各自相續中就會生起真實的死無定期的意樂。相續中生起此心的話，那時就是證達死無常的心在相續中生起了。因此「必定會死」、「無法確定何時會死」、「死時除了正法以外，任何事情都沒有幫助」即是三項根本。

三項根本中有九種原因，第一項「思惟必定會死」中有三種原因：思惟死主必定會來臨，而沒有因緣能夠阻退；思惟壽命無法增添，且減少的因緣不間斷地存在；思惟活的時候也沒有空閒修法便死亡。

必定會死的第一原因，思惟死主必定會來臨，而沒有因緣能夠阻退：由於死主必定會來，所以不論是誰，沒有一個能不死而

安住的。如同《廣論》等中提到[14]：「縱使是佛陀，或是獨覺羅漢，以及諸佛的聲聞弟子尚且必須拋下這副身軀，何況是平庸的凡夫。」以前出現的佛、菩薩、成就者、上師、善知識、貴族、富豪、大國王等，沒有任何一人留下來，所以死主一定會來到。不僅如此，它來到時，沒有任何因緣能夠遮止，不論財富、受用、膽識、力量、明咒、藥物等都無法遮止；所以稱為思惟死主必定會來臨，而沒有因緣能夠阻退。

接下來，無論身處什麼地方，死亡都會降臨，無論受身為哪一種身形，死亡都會來臨，這是指：我們不論待在哪個地方，死亡都會到來。有時候若有人從此地到他處而在該處死亡，我們雖然會說：「哎呀！如果不去那個地方就不會死了。」但是其實沒有這回事，待在哪個地方都沒有差別。

第二種原因、壽命無法增添，且減少的因緣不間斷地存在，是指：各自的壽量都無法增加並延長。其原因為：就算我們所有人是同一地區、同一種姓、同一家庭等，也不會因此失去壽命長短的差別而變得壽量相等。前世的業引生多長的壽命，在成為此

---

14 法尊法師譯《菩提道次第廣論》引《無常集》云：「若佛若獨覺，若諸佛聲聞，尚須捨此身，何況諸凡夫。」，第77頁。

業的所引果或異熟時，最初造業時造了多長的業，就會安住於這樣的壽量。在這之上，無法延長現在的壽命。此生的壽命必須是前世的業的異熟所引果，因此不是它的異熟就不可能成為此生的壽命，所以壽命無法增加。又，我們向上師們請求加持、修長壽法，能夠遮止壽難而延壽。如果是由於障礙而減壽的話，能夠遮止障礙而延壽。除此之外，此生的財富、受用、壽命長短，全部的數量都是由前世業力而造成的，在業力決定之上無法添加。所謂這樣的壽命不斷減少，是指壽命沒有不在消耗的時候。我們不論行、坐、臥等，無論在做什麼，壽命每分每秒都不斷地減短。因此，壽命沒有暫停地都正在流逝，此生的壽命非常快速地在消耗。思惟「減少的因緣不斷存在」這點之後，思惟壽命無法增添且減少的因緣不間斷地存在，所以必定會死。必須透過這個方式思惟。

　　第三種因、思惟必定會死，而且活著的時候也沒有空閒修法：是指雖然想修法，卻沒有空閒時間修法。此生不論存活多少年，其人壽有一半在睡眠中度過，剩下只有一半的時間我們有空閒做事。其中大家都有各種事情，各自在做什麼事就必須做那件事，再由於吃飯、行坐等諸多事項消耗壽命，所以相當缺乏修法

的空閒。譬如我們在一週內只有一兩天有空閒修法，而在那兩天當中也就只有幾小時。因此，思惟沒有空閒修法而必定死亡，是指必須思惟修法的時光只有那麼一點，還有著死亡迅速到來的危險。仔細思考的話，經過二十四小時，一天就結束了。一天結束後一個月結束，一個月結束後一年結束，所以必須思惟我們的壽量也是如此迅速地結束。這就是思惟必定會死，而且活著的時候也沒有空閒修法的方式。

第二，須思惟無法斷定何時死亡當中也有三種原因：思惟總體而言，贍部洲的壽命沒有定限，尤其濁世的壽命沒有固定，所以無法斷定何時死亡；思惟存活的因緣鮮少，死亡的因緣極多，所以無法斷定何時死亡；思惟身體脆弱，所以無法斷定何時死亡。有些人的壽量有固定，有些沒有固定。北俱盧洲的眾生壽量是固定的，每一人一生的壽量都一定會存活一千年。其他洲有些也必定存活像三百年之久。同樣的，西牛貨洲、東勝身洲等壽量也有一點固定。但是我們贍部洲的壽量根本沒有固定，所以有些小孩在母胎中便死去，有些出生一歲時便死去。還有，無論是老、少、中年人一點都無法斷定任何人能夠存活很久，所以贍部洲的壽命沒有固定。還有，我們的壽量沒有固定的原因：在劫初

時，贍部洲人的壽命是無量歲，後來漸漸地不善業道盛行使得壽命減短，最後就會面臨贍部洲的壽命長度減少到十歲的時代。壽量如此上增下減，所以贍部洲的壽命沒有固定。特別是濁世的壽量沒有固定，而現今就是濁世。現今我們的壽量是五十多歲，活超過此歲數即是活了額外的壽量。這也沒有一定剛好，所以不論老、少、中年人何時死亡都無法斷定，因此要思惟無法斷定何時死亡。

接下來，思惟存活的因緣稀少，死亡因緣眾多，因此無法斷定何時死亡：能令我們存活的因緣很少，能令死亡的因緣非常多。雖然不會說活緣就是導致死亡的因緣。但是我們提及「能夠存活」的因緣，有很多都會成為導致死亡的因緣。為了不要死而作許多準備，準備居住的房屋、飲食、友伴等，但也無法一概論定。譬如有很多人因房屋倒塌而死；朋友欺騙朋友而作傷害及殺害；雖然為了存活而吃東西，但是不適應而死去；醫生們遮止病人不能吃這個、不能吃那個，對於吃東西沒有自由的原因，也是由於食物會成為死緣。同樣的，雖然一切受用都必須安立為活緣，但有許多會成為死緣。由於這些原因，所以說存活的因緣稀少、死亡因緣極多，因此無法斷定何時死亡。

再來是思惟身體脆弱，所以無法斷定何時死亡。我們的身體並不堅硬、堅固，身體是脆弱的。甚至也有僅因感冒即便死去，被刺扎到就死去的這種情況也發生很多。死亡因緣並非一定要極為巨大，任何傷害也都隨時能摧毀我們的身體，由於隨便就會被傷害，所以必須思惟身體脆弱，無法斷定何時死亡。

　　第三組、思惟死時除了正法，其他什麼都沒有幫助當中也有三種原因：思惟死亡時，不論財富受用、親朋好友，下至自己的身體也沒有幫助三者。我們死亡時，即使所有家人、親戚、朋友都圍繞待在周圍，也無法對正在遭受的死苦作出幫助，也無法遮止死亡；就算想跟著一起走，也沒有能力走，想帶他們一起走也帶不走。不僅窮其一生所累積的一切財富受用一個也帶不走，就連自己的身體——沒有比它讓自己更加珍惜——也帶不走，必須捨棄而走向來世，這就是「其他什麼都沒有幫助」。因此，除了正法，其他什麼都沒有幫助。如果各自有修持正法的話，各自就能帶著它走，這也是各自的權力。不論到哪裡，此法如影隨形，能夠跟隨著心而帶走，所以必須修持正法的原因也是因為這個。這就是三種原因。

　　對於第一項根本必定會死、第二無法斷定何時死亡、第三死

時除了正法以外,任何事情都沒有幫助,每個都思惟後,由於思惟第一必定死而決斷必須修行正法;由於思惟第二無法斷定何時死亡而決斷必須現在就修行正法這些;由於思惟第三除了正法,其他什麼都沒有幫助而決斷必須修行清淨正法。必須透過這三項根本、九種原因、三種決斷而修習死無常。這就是修習死無常的道理中所提到的:應該從三項根本、九種原因、三種決斷的角度去修持。如此修習的話,絕對會修持正法。一定要修持正法、必須從現在開始修、必須只修正法等等,在這當中,一定要修持正法的原因就是死亡必定到來,所以必須思惟一定要修持正法。

接著思惟無法斷定何時死亡,說明天、後天會修法,明年會修法,卻推延到明天、後天是不行的。因為無法斷定何時死亡,所以就是現在必須開始修法,必須遮止推延的懈怠。認為「在沒死之前必須修行正法,但明、後天或是明年再修即可,這些事做完時就會修法」的這類想法,必須透過思惟無法斷定何時死亡來遮止。必須從現在開始修法,是由於安立「因為無法斷定何時死亡的緣故」這個原因。又必須修行清淨正法,不能像是中等下士的法——在修法時只緣著此生而修,一定要修持絕對有益於來生的清淨正法。在思惟前往來世時,除了清淨正法以外,其他什麼

對各人都沒有幫助,之後就會出現修習死無常的果——三種決斷,所以修習死無常的心是非常重要的。譬如我們有人如果決定要去另一個國家的話,除了準備前往那個國家,完全不會進行留在原處的辦法,而是準備該地所須的種種。同樣由於確定不會待在此生,而前往來生,所以必須進行前往來生的方便,觀待於此,必須思惟絕對必須修行清淨的正法。

問:為什麼聖無著菩薩的著述中只提到二十一種的不同的上、下士夫?

答:聖無著菩薩的《攝分》中有許多安立上中下三種士夫的方式。所謂三士夫的二十三種異門就是其中一種。其中清楚地提到:下士夫也有下上、下中、下下三種等等。同樣的,我們果芒教材[15]中也有提到三士夫的論述,引用了聖無著菩薩的《攝分》論文,極為清晰地說明完整安立上中下三士的方式。上述的三種下士當中,即包含了一般的士夫。一般而言,《道炬論》直接顯示的三士夫當中,並未包含所有士夫。如果下士夫當中不開分為

---

15 指妙音笑大師所著的《現觀辨析》。

那三種的話，並不會歸納一切士夫為《道炬論》直接顯示的三士夫任何一者；是三士夫任何一者的話，並不遍是《道炬論》直接顯示的三士夫任何一者；是下士夫的話，不遍是《道炬論》直接顯示的下士夫，如上所述下士夫還包含了中等下士夫、下等下士夫。由於三士夫任何一者不一定是《道炬論》直接顯示的三士夫任何一者，所以下士夫中開分為三種。

問：各自受居士戒、沙彌戒或比丘戒的話，其意樂是三士夫的道、意樂當中的哪一個？

答：受取律儀的話，一定要三士夫裡中士夫的意樂。不論受取居士戒、沙彌戒、比丘戒任何一者，都須要出離的意樂，也可以有超越這個而更加高尚的意樂。是有菩薩受比丘戒、沙彌戒、居士戒的，其動機也被菩提心攝持的。因此，下限須要是中士夫的意樂，在這之上也有上士夫的意樂。是不會有僅僅希求後世輪迴增上生的下士夫意樂。受取律儀最下須要欲求解脫輪迴、出離輪迴的出離意樂。如果有菩提心的話就是第一名了。如果不是這樣，以出離意樂為等起而受取律儀的補特伽羅是中士夫。如果動機真的被菩提心攝持的話，受取律儀者就是菩薩。如果被造作的

發心攝持的話,他就不是菩薩,但是已入大乘法,所以不是中士夫。如果有造作菩提心的話,就安立為上士夫的種類,這是動機意樂的差別。如果不是這樣,而是下士夫意樂的話,只會在相續中生起殊勝中善[16],無法在相續中生起真正的律儀。

問:希求後世的話,會順便成辦此生的義利。此生是過去業的異熟,難以改變,並沒有為了此生而需要非常努力去做的事。請問這如何為業所引生?有辦法改善嗎?

答:無法改善的原因是我們的所依身有漏蘊,是過去的業所引生的所引果。因此,這個所依身最初出生時是形成什麼樣子,這部分無法改動。譬如一開始就生為沒有眼睛,或無手無足,或是容顏不可愛、身材不好看的話,我們只能這樣、無法做什麼。一般而言,我們此生是前世業的果,但也會依靠或仰賴此生的緣,所以過去業的果必須依靠此生的緣來成辦。我們那些忙於財富受用的工作也要依著這樣的方法。我們在社會中好好工作的話,會賺許多錢;不好好工作的話,無法賺很多錢。這雖然也會

---

16 中善,指非「律儀」也非「不律儀」惡戒的善行。

說是仰賴於我們的工作，但是認真工作後，好運來到這也是過去生的業之果。又某些人雖然認真賣力工作，卻沒有好運，這也是過去業的果，所以是仰賴於過去生的業之果。雖然這也必須觀待此生工作的狀態，但是有無好運仰賴於業，所以不要太過得意或失望。

問：上師，您在前面有提到：修習死無常時，舉的譬喻是確定不待在此處，要前往其他地方的話，就會作前往那裡的準備，這真的是非常好的譬喻。如果我們有人很快就要死的話，必須主要努力作什麼準備？

答：譬如假設是下士夫的話，主要必須思惟皈依。能夠皈依三寶，皈依上師，臨死時內心能夠現起皈依的話，來世就不必去地獄。如果是初修業的下士夫，要了解死無常，所以必須思惟死無常。下士法類主要部分是皈依及業果，因此受取皈依及近住戒而進入佛陀聖教，在相續中生起別解脫律儀的話是很好的。我們能夠做到，且容易現起的就是皈依。接著必須發願。如果透過七支集資淨障而淨化罪惡、修習善行的話是很好的，也是很重要的。修習善行中，除了皈依、禮拜供養以外，其他雖然沒有非常

廣泛地了解，對於初修業者而言這樣就可以了。

問：前面在聽上師開示時，發現聲聞道和獨覺道二者很相似，並未非常清晰地了解此二者的差別。認為大概是福報大小的差別吧！祈請上師針對這部分開示。

答：關於這方面，明後天就會講到。首先在此只說明名稱，後面會提到。

卷二

　　如同昨日提到一般，下士夫中包含上等下士、中等下士、下等下士三者，其中上等下士是殊勝下士。殊勝下士就是《道炬論》、《廣論》直接顯示提到的下士夫。譬如他相續中證達死無常的心識、斷除十不善的戒律即是下士道的事相。死無常就如昨日說明的一般。斷除十不善的戒律，下士夫相續中斷除十不善的戒律是下士道，那麼什麼是斷除十不善的戒律呢？主要必須辨識十不善。辨識之後，了解其加行、正行、結行等，以及其一切異熟果、增上果，並將這些視為過患的一種善心。如果遮止各個不善的話，就會出現十善或是斷除十不善的戒律。其中首先十不善，如同有言：「身業有三種，口業復有四，以及意業三，十不善盡懺。」三種意不善、四種語不善、三種身不善，共十種不善。

　　第一、三種身不善是指身所作業。殺生、不與取、邪淫三者

是三種身不善。其中第一殺生，世親論師說[17]：「殺生由故思，他想不誤殺。」必須故意殺害，也必須不錯誤。殺害對方，如果殺生的人在被殺者之前死去，以及與被殺者同時死去的話，不會產生不善的根本業道。這就是殺生業道的體性。如同世親論師說：「俱死及前死，無根依別故。」[18]用武器攻擊對方，但在對方還沒死之前，殺生者自己就死去的話，並不會產生殺生的根本業道。又對方和殺生者一起死去的話，他也不會產生殺生的根本業道。要生起殺生的根本業道，在有想殺害的動機之上，刻意而無誤地殺害自己以外的被殺者，這可以安立為殺生的性相。自殺的話，只有殺生的加行，並沒有根本。因此必須說「自己以外的被殺者」，其原因即是如此。並非刻意，而是由於走路方式、站的方式等不知情而殺害，這些並非刻意殺害，所以不會產出殺生的根本業道。

　　所謂「無錯誤」，譬如把補特伽羅誤認為木段，以槍等殺

17　引文出自《俱舍論》，見玄奘大師譯《阿毘達磨俱舍論》卷16。(CBETA 2023.Q4, T29, no. 1558, p. 86b29)

18　引文出自《俱舍論》，見玄奘大師譯《阿毘達磨俱舍論》卷16。(CBETA 2023.Q4, T29, no. 1558, p. 86b6)

害，這並沒有想殺人的意樂，這也不會生起殺生的業道。刻意而無誤地自殺，不會生起業道，所以這就是必須提到「其他補特伽羅」的原因。雖然刻意並無誤地殺害，但由於對象就是殺生者本身，所以不會生起殺生的根本業道。以上三者當中的第一個未刻意，它不具足加行；第二者僅僅錯誤，那是錯想；第三者不具足根本。自殺而死亡的話，發起殺生的所依補特伽羅就捨棄了所依身，所以不會生起根本。因此，針對殺生的業道安立性相時，是安立以想要殺害的心，刻意而無錯誤地殺害自己以外的被殺者究竟完成的業。

殺生當中譬如只想殺祠授，卻誤殺了天授，雖然有殺人的罪，但由於搞錯了，所以不會生起殺生的根本業道。又就像有住於總體的動機的話，例如動機心想：「不論是哪個人都要殺」，有這種安住總體的動機的話，即使搞錯了，也會生起殺生的根本業道。由於動機而有這樣的差別，因而「無錯誤地殺害他」的意思，是指必須與動機無誤而殺害，所以提到「無錯誤地殺害他」。

如果加害者各自自己直接去殺害的話，會生起殺生的業道；如果是加害者各自唆使他人去殺害的話，也一樣會生起業道。譬

如以給錢、武器、毒、惡咒等殺人的話，同樣都會生起殺生的業道。就如提到[19]：「軍等若同事，皆成如作者。」譬如打仗的話，眾多打仗的人意樂都相同，所以其中一位軍人殺死對方一位敵人的話，所有人都會生起殺生的業道。同樣的，如果會議中提出關於殺害對方的言論後達成共識，一些參與會議的人雖然待在內部，沒有前往戰場，但是前往戰場的人們殺害敵人的話，未前往戰場的那些人們也會生起其殺生的業道，因為他們就像協助殺人的人們。如果談論關於這方面的各種言論的話，全都會生起殺生的業道，所以自己不要參與其中，不要到處談論各種言論比較好。就像一百人殺害一個人的話，每個人也都會產生殺生的業道，就會生起一百個殺生的業道，因此這是要考慮的地方。殺生的業道就是這樣。

不與取的業道的體性，是貪著他人執為己有的物品，不論盜賊做了偷竊等等何種行為，生起了「成為我所有」的得心，即是該業道的體性。必須是除了我所擁有的其他財物。如果知道是自己的財物，由於被各自掌控，所以不是偷盜。搶奪他人執為己有

---

[19] 引文出自《俱舍論》，見玄奘大師譯《阿毘達磨俱舍論》卷16。(CBETA 2023.Q4, T29, no. 1558, p. 86b19)

的財物、自己去偷、唆使他人去偷，不論是哪一種，一樣會生起業道。總之，偷盜財物取為己有的業道中，雖然有人說生起為自己所做的得心，但是大致是一樣的。在《措釋》[20]等中對偷盜有提到生起得心。

關於其他人執為己有的物品，雖然對於不與取的物品，有提出是否需要具有價值的疑惑，但是與律典提到的作同一價值是可以的。律典中說價值的標準為一錢銀子。對於這種具有價值的物品生起得心的話就是偷盜。律典中價值的標準即是如此。也有些人說：「一般而言，不與取就是偷盜那種在世間會被掛上小偷之名的物品，那樣才是不與取，除此之外，偷一點點並非不與取。」但是如果不掌握一個標準的話，是相當困難的。因此，如果偷竊達到律典所說價值那樣的標準，一般就可以說產生不與取的業道。不論哪個地區，就當地一錢銀子有多少價值，那樣思考的話就可以判斷。就算各個地區一錢銀子的價值不同，但仍應就各個地區的價值是多少來如此思考。而不論是自己偷了這樣的物品，或是唆使他人去偷，以及搶奪等等，獲得它之後，生起成為

---

20 指噶當派祖師措納瓦大師所造的《律經日光疏》。

已有或得到的心，這樣就稱為不與取的業道。

第三、邪淫，如同有言[21]：「欲邪行四種，行所不應行。」邪淫的體性：對於不應行房事的對象、不當的地點、部位與時間任何一者，透過想要行淫的動機而邪行的業道，就是邪淫的體性。其中分為四科，第一是不應行房事的對象，是指他人執為己有的妻子，為父母、親人所保護的小女孩等等就是不應行房事的對象。對他們行淫的話，就會產生邪淫。接下來是不當部位，是指對自己妻子的產門以外的嘴巴等其他任何部位行淫的話，就會產生所謂的「錯誤進入不當部位」。不當的地點，是指在塔前、寺廟、擺放尊貴身語意像處前行淫的話，會出生邪淫。對此必須小心。不當的時間，是指懷胎大致月滿的婦女，還有生完小孩後有小嬰兒正需哺乳，對此不可行淫。接著，患有不可行淫的疾病，還有由於惡緣而內心痛苦者，以及八關齋戒的時段，對此行淫的話，就稱為不當的時間。對此四者任一行淫的業道就是邪淫的性相。

語四是妄語、離間語、惡口、綺語四者。第一、妄語：要安

---

21 引文出自《俱舍論》，見玄奘大師譯《阿毘達磨俱舍論》卷16。(CBETA 2023.Q4, T29, no. 1558, p. 87a12)

立妄語業道的體性的話,如果說妄語者他所講的是真實、不真實的意涵任何一者,之後再跟他人解釋時,以想把真實說為不真實,把不真實說為真實的意樂而轉變想法,故意說出不真實語,並使對方理解意思的業道,這樣就稱為妄語的業道。妄語的業道可以安立二者,唆使他人去講時,會出現無表;自己去說的話,此業道中會出現有表、無表二者。就如提到:「染異想發言,解義虛誑語。」[22]所說妄語其意涵被對方理解,其業道就是妄語業道的體性。有表、無表的差別,是指由身體表現等而說妄語等等,或是不論如何,以身體表現而顯示訊息等等就是有表。反之,沒有見到肢體表現所表示的色法,而發出訊息,那就是無表。

又妄語中,透過解說的方式而可以開分出被眼識、耳識、意識三者所感受、看見並轉變想法的方式。看見、聽到、證達與知曉四者中,譬如對於看見的,如果說:「沒看見、沒聽到、沒證達、不了解」,就成為妄語。同樣的,對於沒看見的這四者,明明沒有看見卻說看見的話,也構成妄語。因此在妄語的段落中可

---

[22] 引文出自《俱舍論》,見玄奘大師譯《阿毘達磨俱舍論》卷16。(CBETA 2023.Q4, T29, no. 1558, p. 87b4)

以這樣說[23]:「八種虛妄名言,及相反的八種名言,共十六種名言。」所謂「看見」,是指結合眼之後,以眼識了解、感受色法,說為眼睛看見。同樣的,耳朵聽到說為聽到,意識感受說為知曉;接著所謂「證達」,是將鼻、舌、身識所感受結合證達、四種名言及如上述般「未見謂見、見謂未見」,見謂未見等四,未見謂見等四合起來有八種,這是妄語的業道,反之則為正確名言,如此妄語可作八個支分。

語四當中第二個,離間語的體性:譬如為了使和睦的夫妻不和睦,或為了讓不和睦者更加不和睦,透過不錯想,而說出任何真實與否的染污語後,對方理解內涵的業道,那就可以安立為離間語的體性。因此,透過不錯想,不論說的是否正確,如果是為了離間而說,即使是事實也不可以說。但凡是所說出的意涵被理解,其業道就稱為離間語的業道。離間語中提到:「為了讓對方不和睦」,必須是以染污心發起而說。以善心發起而這樣說的

---

[23] 此據世親論師《俱舍論自釋》之說,見玄奘大師譯《阿毘達磨俱舍論》卷16〈分別業品〉:「經說諸言略有十六,謂於不見不聞不覺不知事中言實見等,或於所見所聞所覺所知事中言不見等,如是八種名非聖言。若於不見乃至不知言不見等,或於所見乃至所知言實見等,如是八種名為聖言。」(CBETA 2023.Q4, T29, no. 1558, p. 87b17-22)

話，不會成為離間語。遇到惡友，譬如小孩們遇到惡友，跟他們說：「你跟他在一起的話不好。」並說明原因而作教導，這樣並非離間語。

粗惡語是指對他人說出不悅耳的話語。粗惡語業道的體性，是指沒有錯誤之想，並說出不悅耳的染汙話語，讓對方理解意涵，這可以安立為粗惡語業道的體性。透過不錯想，由染污心發起為動機，向對方說出不悅耳的話語，譬如像罵詈、斥責這些都是粗惡語。若意樂是以非染污的善心發起為動機，為了利益對方而說出不悅耳的話語，並非粗惡語的業道；由於在動機的差別之上安立，像這樣不會成為不善。

第四、綺語的體性就是染汙語。世親論師的《俱舍論》中有說[24]：「諸染雜穢語、餘說異三染，佞歌邪論等。」所有說出由染汙發起動機的言詞都是綺語。因此，有人問：「妄語、離間語、粗惡語，這些都是由染汙發起的言語，所以全是綺語嗎？」在《廣論》中提到前三種言語是否為綺語有兩派說法，而將承許

---

24 見玄奘大師譯《阿毘達磨俱舍論》卷16。(BETA 2023.Q4, T29, no. 1558, p. 88a9-10)

為綺語者作為自宗。[25]雖然有人說：「妄語、離間語、粗惡語三者任一皆非的染汙語是綺語的性相。」但在自宗當中，綺語與前三種不相違。是妄語、離間語、粗惡話任何一者的話，必須是染汙語，所以是綺語。所謂「染汙語」，即歌、舞、阿諛奉承、惡論等都是綺語。

意的貪欲心、損害心、邪見三者中，第一、貪欲心的體性，如《俱舍論》中說[26]：「惡欲他財貪。」所謂「惡欲」是指不合理。對於他人財物，心想據為己有或成為己有的貪或貪心，這可以安立為貪欲心的體性。「貪欲心」是一種貪心，貪著不應貪著的他人財物。「他人財物」，是指如果是自己的財物，即使生起愛著，也不會成為貪欲心。因此，對於他人財物生起貪欲心，想要據為己有，想讓它到自己手中的想法，或希望成為己有的貪求心，這些就安立為貪欲心的體性。有說：一般而言，貪欲心不必是貪欲心的業道。如果提到「貪欲心的業道」，必須是上述那樣。一般雖然貪欲心是耽著財物，但不會僅因此就成為貪欲心。

---

25 法尊法師譯《菩提道次第廣論》卷5云：「前三語過，是否綺語，雖有二家，然此所說，順於前家。」(CBETA 2023.Q4, B10, no. 67, p. 658a3-4)

26 見玄奘大師譯《阿毘達磨俱舍論》卷16。(CBETA 2023.Q4, T29, no. 1558, p. 88b2)

譬如在北俱盧洲雖然沒有貪欲心的業道，但是有貪欲心。同樣的，轉輪王的相續中雖然有貪欲心，但沒有貪欲心的業道。

第二、損害心，世親論師說[27]：「憎有情瞋恚。」由瞋恚發起，想傷害有情的心是損害心的體性。

第三、邪見，提到[28]：「撥善惡等見、名邪見業道。」體性：隨宜毀謗業果或聖法的染汙慧，可以安立為邪見的性相或體性。如果分別解說毀謗業果與聖法的話，說沒有布施乃至沒有惡行是毀謗業果；聲稱：「不可以布施，沒有布施的果報；沒有不善、沒有善、安樂的善果與痛苦的惡果都不存在」等等，是毀謗業果的係屬；說無母、無父等是毀謗作用；沒有妙行乃至沒有業所出生，可以說是毀謗因與毀謗果；聲稱「沒有因位的布施等六度」，及聲稱「其果不存在」等；聲稱「世上沒有清淨說」、「沒有阿羅漢」、「沒有解脫與一切智智」等等，是毀謗聖者，這些都是邪見的毀謗。又，增益的邪見，譬如：承許世間造物

---

27 引文出自《俱舍論》，見玄奘大師譯《阿毘達磨俱舍論》卷16。(CBETA 2023.Q4, T29, no. 1558, p. 88b2)

28 引文出自《俱舍論》，見玄奘大師譯《阿毘達磨俱舍論》卷16。(CBETA 2023.Q4, T29, no. 1558, p. 88b3)

主,聲稱:「自在天、梵天、遍入天等創造一切世界」,可以安立為增益的邪見。

貪欲心、損害心、邪見的業道三者並非業,而是業道。十業道中,身語的七個是業也是業道,意的三者雖然不是業,但是有與它們相應的業。所謂「業道」,是指動機思心所所趣向之處,這一分的心所。由於有經由意的三種不善的力量而受生,所以必須安立其體性所屬之業,可以安立這樣的因位時段的業。有與邪見相應的思心所,那是意業;有與意的三者相應的思心所,那是業。意的三者雖然會引生於輪迴中,但不是使之生於輪迴的能引業。如果說:「那麼,由於意的三者的力量而受生,應當就不是由業的力量。」答:是由業的力量受生,也可以安立業。因為有與彼相應之業,可將彼安立為能引之因。

斷十不善的戒律,是指斷除身的三種不善、語的四種不善、意的三種不善等十者的戒律。十不善當中最惡劣的是邪見。如果生起邪見就會斷善根,自己相續中擁有的善根都會因為邪見而斷送。其中最嚴重的異熟就是邪見。像《四百論》中提到由於邪見的力量而生於寒冰地獄,這類說法有很多。不僅在此生會毀壞各自相續中的善根,來生還必須生於寒冰地獄。寒冰地獄比炎熱地

獄的壽量更長，所以大家必須慎防十不善，尤其必須慎防邪見。

十不善中各分上中下三品，下品十種各個能使投生為畜生，中品十種各個能使投生為餓鬼，上品十種各個能使投生於地獄。

斷十種不善，與十種不善相反的十種善當中，譬如第一者斷殺生，是善加思惟殺生的過患以後，由三種善根隨宜所發起，善加防護殺生之身業或身善。同樣的，將不與取及邪淫等各各都視為過患之後，善加防護彼等的身業或身善，可以如此結合每一個。一般可以安立出是身的三種善，即：將殺生、不與取、由貪欲而邪淫三者視為過患之後，善加防護彼等的身業，應該是可以安立為彼的。同樣的，對語的四者，也可以安立出透過視此四者為過患，由善根發起，善加防護彼等之語業；意的三者也可以安立出對視貪欲心、損害心、邪見三者為過患後，由善根發起，善加防護彼等之意業。雖然可以安立皆是十善的，所以十善並非相違，然而十不善是相違的。

意的三者中雖有煩惱，但沒有業。意的三種善則可安立業。將十不善視為過患，善加防護彼等的業可以安立為十善業道。又，十善的異熟果結合十不善的反面的話，將十善分為下中上三品，由下品十善每一善能生為欲界之人，由中品十善每一善能生

為欲界天神,由上品十善每一善能生為色界及無色界天神。因此,必須安立十善業道體性所屬的能引業。由十善業道引生於善趣,由十不善業道引生於惡趣。是十善業道每一善體性所屬的上界能引,必須是與止觀相應的業,或者無論如何,必須獲得靜慮根本定。獲得靜慮根本定的話,必須獲得止觀雙運。因此,十善體性所屬的生於上界之能引業必須造集為根本定之體性,所以要獲得止觀。獲得靜慮根本定之後,就必須生於上界;未得根本定,則不能生於上界。

有提到下士道的事相中即如證達死無常及斷除十不善的戒律,除此之外,其相續中的一切功德都可以安立為下士道。不論他修持皈依、學習皈依學處等等任何正法,都會成為下士道。因此其相續中的功德或意樂就稱為他的道。譬如下士夫相續中斷除十不善的戒律稱為下士道的原因為何?依著這些,相續中具有彼的補特伽羅能趣往增上生的果位,所以稱為下士道。一般「道」是「能趣往」,所以稱為「道」。因此,雖然下士夫並非入道補特伽羅,卻可命名為「下士道」;下士夫雖然不是入道補特伽羅,但可以有獲得修所成及靜慮根本定等八種色無色定的補特伽羅。一般而言,外道相續中也有靜慮根本定及八種色無色定。因

此從自反體而言，靜慮根本定與八種色無色定並非內道教法。如果被出離心與皈依等攝持的話，就可以安立為內道教法。

　　斷除十種不善的戒律，是指當立誓不造作這十種不善，斷除十不善的戒律就會在相續中生起。因此，我們應該好好地思考一下。自己內心這樣立誓承諾，斷十不善的戒律就會在相續中生起。沒有這樣承諾與立誓，只是不殺生、不偷盜，相續中並不會生起斷除十不善的戒律。沒有承諾與立誓不殺生等等，既不是善，也非不善，就是所謂無記。因此，承諾彼而進行防護的方法很重要。內心立誓不造作十不善時，相續中會生起斷除十不善的戒律。一般而言，斷除十不善的戒律是相當廣泛的，並不只是下士夫的意樂。十不善根本不是唯獨下士夫的所斷，其他人不必斷除。在下士夫、中士夫、上士夫三者的相續中都存在。所以具德月稱在《入中論》中對於斷除十不善的戒律如此讚歎道[29]：「若諸異生及語生，自證菩提與佛子，增上生及決定勝，其因除戒定無餘。」異生即異生補特伽羅；語生即聲聞補特伽羅；自證菩提即辟支佛、獨覺；佛子即是佛子菩薩。是說他們全部要獲得增上

---

29 見法尊法師譯《入中論善顯密意疏》卷3。(CBETA 2023.Q4, B09, no. 44, p. 636a26-28)

生人天果位,必定需要斷除十不善的戒律。因此,入道與否的補特伽羅都需要斷除十不善的戒律,所以說明它相當珍貴。

接下來,中士夫:透過厭患輪迴圓滿盛事,只為自利而主要希求解脫,由那一分而安立的意樂,這是中士道的性相[30]。透過厭患輪迴圓滿盛事,只為自利而主要希求解脫,由這一分而安立的補特伽羅,這是中士夫的性相[31]。如果是下士夫,就會希求輪迴盛事,希求來生增上生的人天果位,為此而修持正法;但中士夫並非如此,而是超勝於彼,透過厭患輪迴圓滿盛事,只為自利而主要希求解脫的果位。此生雖然獲得增上生人天果位,但卻有眾多生老病死的痛苦等等,即使獲得來世增上生人天的果位,卻必須再次走向地獄,以及必須繼續輪迴。所以透過厭患輪迴圓滿盛事,只為自利而主要希求解脫。

中士道的事相:如中士夫相續中證達無常等十六行相的覺知。「證達無常等十六行相的覺知」是苦諦、集諦、滅諦、道諦四諦中,各有四個特法而有十六種。證達這十六者的中士夫相續

---

30 此據妙音笑・寶無畏王《地道建立・三乘莊嚴論》,第4頁。

31 此據妙音笑大師所著的《現觀辨析》。

中的覺知即是中士道。苦諦的四個特法是苦諦無常、苦諦苦、苦諦空、苦諦無我；集的四個特法是因、集、生、緣；滅諦的四個特法是滅、靜、妙、離；道諦的四個特法是道、如、行、出。四諦的無常等十六特法就是這些，這十六者是所有內道宗義論師都承許的。

　　大部分的中士夫都必須是入道補特伽羅。出離的意樂是指思惟輪迴苦以後，生起欲求出離輪迴之心時，就稱為出離的意樂。如果生起想要出離而對於希求解脫之心產生非造作的覺受，這時就稱為入道了。透過厭患輪迴圓滿盛事而欲求出離輪迴的意樂，聲聞、獨覺二者都必須生起。如果是聲聞種姓的補特伽羅，透過厭患輪迴圓滿盛事，只為自利而主要希求聲聞解脫的心，對此發起非造作的覺受，這時就稱為趣入了聲聞道。如果是獨覺種姓的補特伽羅，透過厭患輪迴圓滿盛事，只為自利而主要希求獨覺解脫的心，對此發起非造作的覺受時，這時就趣入了獨覺道。雖然二者都需要出離心及希求解脫之心，但是所希求的解脫，就是各自正在希求的解脫，所以有不同的差別。意樂的差別，以及集聚資糧方式的差別，他們二者稍有不同的差別。

　　如果對於希求解脫的心發起非造作的覺受的話，雖然就入道

了，但是也有未發起非造作的覺受，而是發起造作的覺受。要對於輪迴盛事發起非造作的覺受，必須先發起造作的覺受。透過厭患輪迴圓滿盛事，只為自利而主要希求解脫的心，對此發起造作的覺受，這時還沒入道，是即將入道，發起造作的覺受就必須安立為中士夫。聲聞與獨覺二者都各有這樣的即將入道者，二者都是中士夫。因此必須說中士夫不周遍為入道者。可以說不是這樣的中士夫周遍為入道者。

獨覺與聲聞的差別：獨覺一開始雖然想獲得佛陀果位，但是並不想利益有情。由於想成佛與不想利益有情二者相違，所以就成為獨覺。他本性我慢比較大，喜歡獨處。有所謂「一生所繫的獨覺」，是由於要獲得阿羅漢果位還必須受取一生，所以稱為一生所繫。在那一生就會獲得阿羅漢果位的補特伽羅，稱為最後有行者。因此，獨覺在一生所繫之前會積集百劫資糧。他悲心微弱、我慢強大、不想作有情義利，所以雖然想獲得佛陀果位，卻只能夠獲得稱為「獨覺」的獨覺阿羅漢果位。他在一生所繫之前，從佛陀那裡聽聞正法，以最後有時不必隨佛聽法的動機去思惟而作準備，並發願：「願來生在沒有佛陀與善知識安住的地方，獨自獲得阿羅漢果位！」最後有的獨覺是在之前一生所繫時

聽法，並發願以自力獨自獲得獨覺阿羅漢的果位，因此最後有不會隨佛及善知識聽聞。之所以發願在最後有的時候生在沒有佛陀安住的地方，其目的是因為他不樂喧雜，並不期望跟許多人聚在一起修法，是一位喜歡獨處修持的人。由於生在佛陀安住的地方，就會聚集許多所化機而比較喧鬧，所以應該是對此產生厭離。由先前願力，雖然在最後有時不會值遇善知識，但他不想在家而前往無人的尸陀林中，由於先前已了解十二支緣起，數數思惟並修習十二支出生的次第，於是獲得了獨覺阿羅漢的果位。

最後有或一生所繫的聲聞喜歡從善知識及佛陀聽法，也樂於和他人聚在一起修持正法，因此最後有時不從善知識聽法就不能夠獲得阿羅漢果位。聲聞獨覺二者的差別可以在這點上說明。

聲聞、獨覺二者的證量高低：在宗義論師當中有所謂證類相同的宗派與證類不同的宗派[32]。如果是證類相同的宗派，必須主要證達無常等十六行相，這點他們二者沒有差別。承許證類不同的瑜伽行中觀自續派中，獨覺雖然也證達無常等十六行相，但主

---

32 承許證類相同的宗派，指主張聲聞、獨覺的智慧證類相同的宗派，除了瑜伽行中觀自續派，其他如毗婆沙宗、經部宗、唯識宗、經部行中觀自續派及中觀應成派，皆屬於此種宗派。承許證類不同的宗派，指主張聲聞、獨覺的智慧證類不同的宗派，在四部宗義當中，只有瑜伽行中觀自續派屬於此種宗派。

要是證達無外境與二取空，聲聞無法證達這個。因此，獨覺比聲聞超勝。

　　從證德方面說明的話，唯識師承許無外境；而現觀自宗——瑜伽行中觀自續派，如同唯識師說無外境，所以承許所謂的外境空是獨覺的主要所修與獨覺的所證。按照此派的話，是從證達的角度而超勝。就證類相同的宗派而言，聲聞、獨覺二者同樣都將補特伽羅無我作為主要所修而修習；依著無常等十六特法，能夠獲得解脫的果位。苦諦無常、苦、空、無我四者當中，煩惱的主要能斷必須安立證達無我的智慧，有如此些許的差別。

　　在中士夫的性相中有加上「一分而安立」，那是要納入聲聞、獨覺的阿羅漢二者。他們二者是已經獲得解脫的補特伽羅，所以必須說他們不是希求解脫的補特伽羅。中士夫有二種，他們二者相續中證達無常等十六行相之覺知是中士道。獨覺相續中的那種覺知是獨覺道；聲聞相續中的那種覺知是聲聞道，二者都是中士道。它被稱為中士道的原因，是因為依著它，相續中具有自己的補特伽羅就能往趣解脫的果位，所以稱為中士道。一般由於能往趣，就稱為道。

　　接下來，上士夫：透過為大悲所自在轉，為了他有情，為獲

得佛位而希求一切相智,由那一分而安立的意樂,是上士道的性相[33]。又,透過大悲所自在轉,為了他有情,為獲得佛位而希求一切相智,由那一分而安立的補特伽羅是上士夫的性相[34]。因此,所謂上士夫必須為大悲所自在轉。一般而言,心想:「如果一切有情能遠離痛苦的話」、「願一切有情能遠離痛苦」的大悲,在聲聞、獨覺的相續中也能安立,但是他們沒有心想:「我當令一切有情遠離痛苦」,而這就稱為荷擔利他的大悲。「我當令其具足安樂」、「我當令其遠離痛苦」,這樣自己荷擔的慈心與悲心就是超勝於聲聞與獨覺的意樂,所以這種慈悲心在聲聞、獨覺的相續中是沒有的。他們雖然知道一切有情被痛苦逼惱的道理,但是除了僅僅生起出離心以外,並無積極想成辦有情義利的意樂;雖然有悲心,但是沒有荷擔利他的大悲,所以不會如此。

如果思惟自己被痛苦逼惱的道理,就會生起出離意樂;如果思惟其他有情被痛苦逼惱的道理,就會生起悲心。悲心與出離心

---

33 此據妙音笑・寶無畏王《地道建立・三乘莊嚴論》:「透過大悲所自在轉,為了其他有情能獲得佛位而希求一切相智,由那一分而安立的意樂,這是上士道的性相。」,第5頁。

34 此據妙音笑大師《現觀辨析》所言:「透過為大悲所自在轉,為了令其他有情相續中獲得佛位而希求一切相智,由這一分而安立的補特伽羅,這是上士夫的性相。」

二者看此看彼是類似的。聲聞、獨覺的相續中雖然也有希望他人遠離痛苦，但是光憑這個無法成辦有情義利。要成辦、實踐有情的義利，如果有心想：「我當令其遠離痛苦」這樣的荷擔利他的大悲，就能夠成辦有情的義利，沒有這個則不能成辦有情的義利。由於菩薩們心裡有想著：「我當令一切有情遠離痛苦」的意樂，所以說「為大悲所自在轉」。為大悲所自在轉不可能不成辦有情義利。由於悲心想著：「我當令其遠離痛苦」，所以必定會作利益一切有情，其主要原因即是因為有荷擔利他的大悲的原因所致。因此，透過為大悲所自在轉而思惟其他有情的痛苦，心想：「我當令他們遠離痛苦。」，所以會有希望將一切有情安置於佛陀果位的意樂，以及想到：「如果其他一切有情獲得佛陀果位的話」這樣的想法。為了獲得那個，自己希求一切相智，由那一分而安立的意樂，即安立為上士道的性相。他希求一切相智以及想獲得佛陀果位是為了他人的義利，聲聞、獨覺希望獲得佛陀果位是僅僅為了自己的義利。

上士夫性相中的「由那一分而安立」納入了佛聖者。

又，是上士夫的話，沒有遍是入道補特伽羅，從第六增上意樂就安立為上士夫。如果是大乘決定種性的話，第六增上意樂行

者還沒入道，要入大乘道，就必須對菩提心發起非造作的覺受。第六增上意樂行者雖然有修菩提心，但還沒對菩提心發起非造作的覺受。若要入道，發起非造作有功用的覺受即可。因此，是上士夫的話，沒有遍是入道補特伽羅。第六增上意樂行者相續中的增上意樂與大悲心，那些都不是道，所以是上士夫相續中的道的話，也沒有遍是道。而像菩薩資糧道行者相續中的大悲與增上意樂就是道。

總之，譬如大悲與增上意樂從自反體[35]而言，就必須說是上士道。原因是：由於依靠它，相續中具有它的補特伽羅能往趣無上菩提，所以稱為上士道。

問：譬如一對夫妻，妻子好樂佛法，是大乘法的追隨者，而丈夫根本不在意佛法，也不喜歡。如果妻子為了讓孩子們在意佛法，或為了行持佛法而帶去寺廟及聽法等，丈夫就會用各種方式障礙，不讓他們去。所以妻子就對丈夫撒謊說：「我帶孩子們去商店或餐廳。」然後帶去聽法或寺廟，讓他們學法，這樣對丈夫

---

35 指該法類本身而言。

撒謊，是否成為妄語？

答：那大概不會成為妄語，因為有目的的，也沒有刻意想說妄語的動機，所以不會生起妄語業道的過失。

問：因為有構成些微的類似妄語，如果以墮懺或罪懺來懺悔的話，可以嗎？

答：那是可以的。罪只有那一點點。由於是小妄語，所以容易懺悔。譬如有些妄語，僅僅想到：「我這樣說妄語是不可以的」，光靠懊悔而懺悔就會清淨，上述那個就類似這個範疇。

問：聲聞阿羅漢也好，獨覺阿羅漢也好，獲得無餘涅槃後會待在哪裡？

答：如果在欲界所依獲得阿羅漢，他的相續中有過去業煩惱引生的所引果──剩餘的苦諦，所以稱為有餘者。當他示寂時，就會棄捨蘊體。由於解脫輪迴，之後雖然不必由業惑的力量而受生，但卻有由悲心和發願的力量而受生。另外也有由無明習氣與無漏業的力量而受生。由悲心和發願的力量大多會受生像淨土當中。這以外，如果為了利益有情，或受生於像不淨剎土的話，會

有所謂無明習氣與無漏業等所知障品所攝的十二支緣起。平常我們說的十二支是染汙品的十二支。所知障品所攝的初支無明是安立無明習氣之地。所知障品所攝的第二行業則安立為無漏業。有由此二之力而受生者。聲聞、獨覺阿羅漢與清淨地菩薩——安住於第八地以上者，大多是由此力而受生。他們雖然受生，但是沒有生老病死苦。阿羅漢於淨土化生，會經劫入定。他們息滅煩惱，所以沒有痛苦，長期處於寂靜界中。在一時期，佛陀會以光芒勸發道：「你還沒獲得究竟涅槃，所以必須趣入大乘道。」他出定後，必須入大乘道而成佛。大多數雖然會生於淨土，但是也可以生於欲界。

問：這樣的阿羅漢被佛陀以光明勸發而入大乘道，以及最初漸次透過諸道趣入大乘道的阿羅漢，二者有差別嗎？

答：他們有一點點差別。聲聞阿羅漢斷完了煩惱，除了所知障以外沒有要斷除的。雖然大乘決定種姓必須斷除二障，但是要獲得佛陀果位，大乘決定種姓比較快。聲聞阿羅漢獲得阿羅漢只會使獲得佛陀果位變得遙遠，不會更近。原因是他以聲聞、獨覺的道獲得阿羅漢，心散逸到寂靜的安樂而經劫入定，即使趣入了

大乘道，有時候仍然會散逸於寂靜的安樂。所以如果大乘決定種姓與阿羅漢證德先行二者同時一起入大乘道，大乘決定種姓會先成佛，小乘行者會比他遲緩，累積資糧也比較遲緩。如果大乘決定種姓必須累積三大阿僧祇劫的資糧才成佛的話，小乘就必須累積四大阿僧祇劫的資糧才會成佛。在我們看來，他斷完了煩惱，唯獨所知障以外沒有其他要斷除的，所以會認為他成佛比較快，但是沒有比較快。因此，最初就趣入大乘道比較好。若非如此，最初先入小乘道的話，之後仍然必須趣入大乘道，就會像望塵莫及一般。所以阿羅漢證德先行與大乘決定種姓二者當中，大乘決定種姓比較快成佛。

卷三

相續中要生起上士道，必須生起第六增上意樂。在這之前必須先生起知母、念恩、報恩、悅意慈、第五大悲，接下來再生起第六增上意樂、第七發心，這就是透過七因果口訣的方式而發心，就會成為菩薩。那是上士道，也是大乘道。中士道中有聲聞乘與獨覺乘二者。上士道中如上述般有大乘道。總攝的話，三乘就是聲聞乘、獨覺乘、大乘三者。現觀自宗瑜伽行中觀自續師——靜命論師的學派中承許有漸次趣入三乘。與此不同的，在證類相同的宗派中，如果獲得聲聞阿羅漢果位的話，就不會趣入獨覺道，必須趣入大乘。雖然有從聲聞資糧道與加行道就趣入獨覺道，但是獲得聲聞阿羅漢以後不會趣入獨覺道，這是證類相同的宗派的說法。在證類不同的宗派中，漸次趣入三乘也是存在的。總之，雖然最後聲聞、獨覺二者都必須趣入一乘道，但是聲聞、獨覺阿羅漢二者在寂靜界中，是透過佛陀以光芒勸發而清

醒,並教誡道:「當修學大乘道!」所以在修學大乘道後,才開始修學菩提心;必須在相續中生起第六增上意樂,然後趣入大乘道。無論如何,一切有情最後都必須入大乘道而獲得佛陀果位,而且必定會獲得。

相續中生起大乘菩提心時,就會成為菩薩與大乘補特伽羅。大乘道與上士道稍有不同。上士夫從第六增上意樂開始安立,而大乘道則必須在相續中生起菩提心。第七發心在相續中生起當下與菩薩資糧道在相續中生起當下是同時的。因此,相續中生起大乘資糧道當下即安立為相續中生起發心當下。同樣的,獨覺資糧道獲得當下與對於希求獨覺解脫的覺知發起非造作的覺受當下同時,聲聞資糧道獲得當下與對於希求聲聞解脫的覺知發起非造作的覺受當下安立為同時。不論是三乘何者,都獲得各自的資糧道當下就必須如此。

另外,如果是最初就趣入大乘道的決定種姓,不必趣入聲聞、獨覺之道。如果是殊勝下士的話,在相續中生起證達暇滿難得與死無常等的覺知,透過內心厭患此生,當生起殊勝的希求後世之心時,就是殊勝下士。殊勝下士還沒入道,所以不是入道補特伽羅。他要入道,如果是大乘決定種姓的話,必須趣入大乘

道,不會趣入聲聞道。他不必在相續中生起中士道,但是必須在相續中生起與中士夫共通的道——出離意樂。下士夫最初希求後世輪迴的增上生,接著視一切輪迴為具有苦的自性,由此厭患輪迴,在相續中生起清淨希求解脫的出離意樂,在這個階段,如果是為了一己獲得解脫而努力的話,就會成為聲聞與獨覺。由於思惟非唯自己一人,一切有情同樣被輪迴痛苦逼惱的道理,而在相續中生起悲心;如此思惟一切有情為痛苦逼惱的道理,在相續中生起悲心時,進而思惟一切有情曾為母親的道理,在相續中生起知母、念恩、報恩、悅意慈、第五悲心之間的心,就必須趣入大乘。他心中這個出離的意樂雖然不是中士道,然而是與中士夫共通的道。總體而言,「希求解脫的心」並非希求聲聞的解脫以及獨覺的解脫,而是思惟「如果能解脫輪迴的話」,這也不僅僅是希求個人獨自解脫輪迴,是思惟「正被輪迴痛苦逼惱的如母有情如果從輪迴中脫離、從輪迴中解脫的話」,「為此我要修學大乘法,一定要在相續中生起菩提心,一定要獲得佛陀果位」,在這樣思惟的狀態中,必須進入大乘道。當悲心等七因果口訣全都在相續中生起後,相續中生起菩提心時,就進入了大乘道。下士不入中士道而入上士道的道理即是如此。

總體而言，道的性相：開創往趣自果菩提機緣之途的入道之智，這是道的性相。道必須是入道之智，所以必須了解除了入道者相續中以外，未入道的補特伽羅相續中沒有道。也因此必須說下士夫的相續中有下士道，但是沒有道。

接下來，解脫道、智、正智、現觀、般若、乘等，都是同義異名。一般來說，聲聞乘、獨覺乘、大乘全都必須理解為道。這與說聲聞道、獨覺道等是同一意涵，從往趣解脫果位那一分稱為道。如同一般在世間說有沒有好行走的道路，此處由補特伽羅相續中的功德而能往趣解脫果位，以此原因而有「解脫道」、「智」、「正智」、「現觀」、「般若」、「乘」，這些眾多的命名方式。道從體性角度又可分為資糧道、加行道、見道、修道、無學道五種。五種又各分為三種，所以道有十五種。

接下來，依序安立五道的性相，與三乘結合的話，第一種、資糧道的性相：法現觀是資糧道的性相。其中可分為三乘的資糧道。如何區分三乘資糧道的差別呢？聲聞的法現觀是聲聞資糧道的性相；獨覺的法現觀是獨覺資糧道的性相；大乘的法現觀是大乘資糧道的性相。另外，資糧道、信地、順解脫分、法現觀是同義異名。

將彼稱為資糧道的原因，由於為了獲得該乘自道菩提而積集資糧的最初的道，所以稱為資糧道。聲聞的資糧道，由於是往趣聲聞菩提的最初之道，所以稱為聲聞資糧道；同樣的，獨覺的資糧道也由於是往趣獨覺菩提的最初之道，所以如此稱呼；大乘的資糧道也由於是為了獲得大乘無上菩提而積聚資糧的最初之道，所以如此稱呼。

稱為「信地」的原因，由於是主要善巧信等五境的階段的道，所以如此稱呼。信等五境是指信、精進、念、定、慧。由於是主要善巧此五者的聽聞階段，所以稱為「信地」。

又，將資糧道稱為「順解脫分」的意涵，所謂「解脫」，是斷除煩惱障的滅諦或涅槃，其一分斷除了見道所斷遍計煩惱障的滅諦是解脫分，由於是隨順於獲得此的階段的道，所以稱為「順解脫分」。

又，將彼稱為「法現觀」的意涵，法現觀的「法」是指十二分教。對於十二分教依循聲共相，主要以聞思抉擇的階段，或對於十二分教善為形成對聲音總體的理解[36]階段，所以稱為「法現

---

[36] 善為形成對聲音總體的理解，指對所聽聞敘述的聲音、文句連貫後表達的意涵得到正確的理解。這時還未透過量獲得定解，然而已經對內涵有正確的掌握。

觀」。

加行道的性相：義現觀是加行道的性相。如上述有三乘的加行道。如果安立義現觀為加行道的性相，便能涵蓋三乘所有加行道的性相。聲聞的義現觀是聲聞加行道的性相；獨覺的義現觀是獨覺加行道的性相；大乘的義現觀是大乘加行道的性相，如果安立是很便易的。加行道、順決擇分、決擇支、義現觀同義。

必須將彼稱為「加行道」，是因為於該乘自道的見道發起加行，或是能令相續具有自己的補特伽羅往趣或移動至見道，所以稱為「加行道」。

稱為「順決擇分」的意涵，「決擇」是指見道，由於有益於其分，所以稱為順決擇分。

「決擇支」的意涵，是能獲得自果見道的支分，所以如此稱呼，可以說是從能獲得見道之因的角度而言。由於「支分」是指因及能圓滿等，所以如此稱呼。

稱為「義現觀」的意涵，「義」是指十二分教的意涵。前面法現觀的「法」是安立為十二分教，其所詮意涵稱為「義」。至言的義涵——粗細無我其中一者，有粗細分補特伽羅無我二者，與粗細分法無我二者，將其安立義現觀的「義」。由於是最初對

他產生修所成能力的道，所以稱為義現觀。因此，所有粗細分無我都可安立於此義之中。

聲聞義現觀的「義」，安立為細分補特伽羅無我，對彼獲得修所成，所以稱為「義現觀」。獲得證達補特伽羅無我的修所成與獲得聲聞的加行道是同時的，因此，聲聞義現觀是由於對細分補特伽羅無我發起修所成的覺受，所以稱為「義現觀」。在證類相同的宗派中，可以由獲得證達補特伽羅無我的修所成而安立；在證類不同的宗派中，對於粗分法無我產生修所成的覺受時，可以安立獨覺的加行道。義現觀如果按照大乘的話，對於甚深空性、細分法無我產生修所成的覺受，所以稱為「義現觀」。三乘的加行道是義現觀的原因可以這樣說明。

加行道之後是見道。諦現觀是見道的性相。其中分為聲聞的見道等三種。聲聞的諦現觀是聲聞見道的性相；獨覺的諦現觀是獨覺見道的性相；大乘的諦現觀是大乘見道的性相。三乘見道的性相是如此安立的。見道、諦現觀、見道行者相續中之智是同義異名。

將彼稱為「見道」的原因，由於是現前新證或新見粗細分無我其中一者的道，所以稱為見道。

又,將見道稱為「諦現觀」的原因,由於是新現證諦理的道,所以如此稱呼。此處「諦理」是指苦諦、集諦、道諦、滅諦等四諦。總之,是指新現證各自階段的粗細分無我及所有無常等十六種四諦的特法。

當相續中生起諦現觀——見道時,凡夫異生就成為了聖者補特伽羅。如果獲得聖者果位,就能夠現證無我及四諦等。如果是證類相同的宗派,承許所有見道行者都現證空性、諦理,及一切粗細分無我。聖者補特伽羅功德就是如此極其廣大,三寶中的僧寶就是他。

見道就是指現證無我的瑜伽現識[37]。其中有無間道與正解脫道二種。無間道正斷所有見道所斷遍計煩惱障,在其第二剎那正解脫道的階段,獲得斷除了見道所斷的滅諦。這樣的無間道是道諦,是先獲得道諦,然後在正解脫道的階段獲得滅諦,而正解脫道也是道諦。因此,滅諦與道諦只在見道以上才有,凡夫異生的相續中是沒有的;異生的相續中雖然有道,但是沒有道諦。所以

---

37 從串習自己的不共增上緣所屬的止觀雙運三摩地的力量所出生,並且對於自境真實義為離分別不錯亂智,這是瑜伽現識的性相。參見妙音笑大師《妙音笑心類學》,第177頁。(妙音笑・語王精進大師造論;釋如法主譯;釋性忠主校《妙音笑心類學》。臺北市:福智文化股份有限公司,2020)

見道行者成為聖僧時,其相續中的道諦、滅諦是法寶。由於這個原因,他的相續中有生起法寶與僧寶二者。他在之後就不會積聚投生輪迴的能引業,而更加靠近於獲得阿羅漢的果位,因此法寶與僧寶是從見道開始的。獲得見道的補特伽羅是僧寶,其相續中的功德——道諦、滅諦如上所述是法寶。相續中如果生起法寶——滅諦、道諦的話,他便能從痛苦中拯救出來。由於法寶是正皈依,所以必須在我們相續中生起的原因就是這點。法寶的前面同類可以安立資糧道與加行道等。三乘的見道行者當中,聲聞見道行者是聲聞僧寶,獨覺見道行者是獨覺僧寶,大乘見道行者是大乘僧寶。雖然略有功德大小的差別,但是全部一樣都是聖僧,相續中也一樣有生起法寶。

　　見道之後是修道。後現觀是修道的性相,分為聲聞的修道、獨覺的修道、大乘的修道三種。如果結合同類性相的話,聲聞後現觀是聲聞修道的性相;獨覺後現觀是獨覺修道的性相;大乘後現觀是大乘修道的性相,可以同理結合。修道、後現觀、修道行者相續中之智同義。

　　稱為「修道」的原因,在見道階段已經現證無我之後,持續地修持,所以稱為修道。總之,由於持續地修持現證無我的覺

知,所以稱為修道。

又,將彼稱為「後現觀」的原因,由於是在見道之後現證諦理的道,所以如此稱呼。修道也如見道般有無間道與正解脫道。修道有九品,其中聲聞修道斷除煩惱障,獨覺修道在證類不同的宗派中斷除粗分所知障,大乘修道斷除細分所知障,細分所知障也有很多品,數數生起無間道與正解脫道而數數斷除所斷,依次能斷一切煩惱的道,就必須安立為修道。九品修道的最後一個——修道金剛喻定在相續中生起時,所有煩惱障就會在相續中消失;在他的第二剎那斷除了煩惱障而獲得阿羅漢果位。對於修道中雖然還有很多要作說明,但此處這樣即可。

見道所斷與修道所斷二者當中,斷除見道所斷較為容易,現見無我當下就能夠斷除的,稱為見道所斷;現見無我當下無法斷除修道所斷。數數串習現證無我的覺知的續流,當此覺知的能力逐漸增強時,就能夠斷除那些修道所斷。關於修道所斷,也仍略有斷除的難易差別,所以必須由數數串習證達無我慧的力量,逐漸增強其能力而依次斷除諸修道所斷。修道有如此眾多的次第,是由於煩惱障必須分作多品而斷除所致的。

聲聞、獨覺、大乘三者中各有修道金剛喻定。在大乘修道金

剛喻定的第二剎那獲得佛果；在獨覺修道金剛喻定的第二剎那獲得獨覺阿羅漢；在聲聞的修道金剛喻定的第二剎那獲得聲聞阿羅漢。因此有三乘的阿羅漢與三種無學道。

在修道金剛喻定的第二剎那獲得無學道。斷除煩惱障之智是無學道的性相。其中分為聲聞的無學道、獨覺的無學道、大乘的無學道三種。要獲得阿羅漢一定要斷除煩惱障，由斷除了煩惱障的那一分稱為阿羅漢，不必斷除所知障。因此，在性相「由斷除了煩惱障的那一分而安立之智」的一部分中，有些會加上一分而安立的目的即是如此。聲聞、獨覺的無學道之後仍然需要學習道，所以一般來說不是無學道，然而是聲聞的無學道，必須知道有這樣些微的差別。無學道、斷除了煩惱障的正智、阿羅漢智同義。

稱為「無學道」的目的，是由於該乘自道的所作達到究竟，所以如此稱呼。大乘的無學道是無學道。可以說由斷除了煩惱障的那一分而安立之智，安立為五道當中的無學道的性相，其中開分則如前述。

修學聲聞的五道達到究竟時，就獲得聲聞阿羅漢的果位；對於修學獨覺的五道達到究竟時，就獲得獨覺阿羅漢的果位；對於

修學大乘的五道達到究竟時，就獲得佛果的果位。

另外，主要從各自所修無我的角度而安立五道。在聲聞資糧道的階段，對於主要所修補特伽羅無我與無常等十六行相，透過聞所成及思所成決擇，以量遮除增益而修。證達補特伽羅無我的聲聞資糧道行者依次獲得緣著無常等十六行相的聞所成、思所成、修所成、寂止，之後獲得證達補特伽羅無我的勝觀，是與獲得聲聞加行道同時。在資糧道的階段獲得寂止，資糧道中又有上中下三品，但是在上品資糧道時一定會獲得寂止。接下來，修習而獲得勝觀，以及獲得證達補特伽羅無我的加行道。

加行道中又有煖、頂、忍、世第一法加行道四種。這四種雖然是分別心所屬的修所成，但不是瑜伽現識，還沒現證無我，交混聲共相與義共相的顯視而存在。具分別的顯現逐漸細微，當現證補特伽羅無我時，就獲得見道。雖然由現證補特伽羅無我的力量，全部的聲聞見道所斷都會遮滅，但未能遮滅修道所斷。修道所斷必須數數修習證達補特伽羅的覺知，然後以彼斷除。數數修習現證補特伽羅無我的覺知，使其能力逐漸增強，依次斷除聲聞的修道所斷。其後獲得修道金剛喻定時，所有聲聞的所斷——煩惱障都會遮滅。其第二剎那會獲得聲聞阿羅漢果位。

同樣的，獨覺也是一樣。如果是未證達補特伽羅無我的獨覺，在資糧道的階段相續中會依次生起證達補特伽羅無我的聞所成、思所成、修所成。接著相續中生起止觀雙運時獲得加行道，這與聲聞相同。當現證補特伽羅無我時，生起獨覺的見道無間道。接下來獲得正解脫道，接著在見道後得智等階段數數修習補特伽羅無我，由串習而逐漸增強能力，當相續中生起能夠斷除第一品煩惱的對治時，就獲得修道。接下來相續中生起修道金剛喻定，其下一刹那獲得獨覺阿羅漢果位，這與聲聞的走法相同。

一般聲聞、獨覺二者不同的差別：如果是獨覺的話，遍是欲界所依者；沒有三界九地中上界色、無色界所依者，但是聲聞則有。聲聞阿羅漢果位在欲界、色界、無色界所依都可以獲得。由於獨覺是人所依，除了在人所依獲得獨覺阿羅漢的果位時，同時自然地成為近圓與成為比丘等些許差別之外，證類相同的宗派裡，聲聞、獨覺是相同的。

大乘道中有解說五道與特別解說十地的論述。第一、大乘道的性相：能往趣或已經往趣大乘菩提其中一者所攝的大乘智，這是大乘的道的性相。「能往趣大乘菩提」顯示大乘的有學道；「已往趣」顯示無學道。其中同聲聞、獨覺一般可分為資糧道、

加行道、見道、修道、無學道五者。大乘道、大乘現觀、大乘智為同義異名。

大乘道中提到大乘的意涵，如同至尊慈氏怙主的《經莊嚴論》中說[38]：「廣大所緣性，如是二修行，正智發精進，善巧於方便，廣大正成就，廣大佛事業，具足廣大故，決定稱大乘。」所謂大乘，即是具足這七種特色，所以稱為「大乘」。廣大所緣，是指緣著大乘法藏，所以是廣大所緣；二修行是指修行自他二利，所以是廣大修行；正智，是指證達細分補特伽羅無我與細分法無我二種無我的廣大正智；發精進，是指經三無數大劫，能夠長久地發起精進，這是廣大精進；善巧方便，是指未完成圓滿希願、成熟有情、嚴淨佛土三者以前，不令實際現前。當完成圓滿希、成熟、嚴淨三者之後，必定會獲得佛果；未獲得佛果以前則不令實際現前，了知這標準，所以廣大善巧方便。廣大正成就，是指成辦所有佛地十力等功德，所以是廣大正成就；由於具足廣大佛事業等七者，所以稱為大乘。一般雖然有多種安立大乘

---

38 此見妙音笑・寶無畏王《地道建立・三乘莊嚴論》，第37頁。唐波羅頗蜜多羅譯《大乘莊嚴經論》卷12〈功德品〉則作：「緣行智勤巧，果事皆具足，依此七大義，建立於大乘。」(CBETA 2023.Q4, T31, no. 1604, p. 654c19-20)

的方式，但僅此即可。

　　這樣的大乘道支分開分方式，如上述分為五種，或者也可以說分為異生道與聖者道二種。

　　第一、異生道：勝解行地所攝的菩薩智，這是菩薩異生道的性相。大乘道與菩薩道有些許不同，是菩薩道的話，雖然遍是大乘道，然而是大乘道的話，不遍是菩薩道，因為佛聖者的相續中也有道。由於此原因，在開分其中的支分時，就分有菩薩道與佛道二種。菩薩異生道可分為菩薩資糧道與菩薩加行道二種。

　　第一種、資糧道可分為四科：一、性相；二、支分；三、異名；四、在相續中生起的方式。第一科、性相：如上述，大乘法現觀，這是大乘資糧道的性相。

　　支分有上品資糧道、中品資糧道、下品資糧道三種。

　　字詞解釋等與上面相同。

　　最初在相續中生起大乘資糧道的方式：最初，生起大乘發心與進入大乘資糧道同時。對於為了利他而希求無上菩提的覺知發起非造作的覺受時，就必須安立為進入大乘資糧道。上中下三種士夫當中，不讓他生起中士道而修習共下士道與共中士道等，當漸次地在相續中生起知母、念恩、報恩、悅意慈、悲心、增上意

樂、第七發心時，就是在相續中生起大乘道了。這樣的大寶菩提心是非常珍貴的，如果我們的相續中能夠生起真實的菩提心的話，就是最好的了，就成為了菩薩。即使無法在相續中生起真實的菩提心，但僅僅生起造作的菩提心以及愛好菩提心，也能獲得無邊福德。因此，必須對菩提心與大悲等發起勝解與發願等而修習，是很重要的。

我們如果最初就這樣修持大乘法的話，獲得佛果會稍微快一點。如果進入了聲聞、獨覺道以後才折回的話，就會有些延遲。因此，必須最初就進入大乘道，由勝解以上修法而修慈悲、菩提心等。如此修習，漸次漸次地串習的話便能獲得定解，這是以法爾正理成立，所以是能夠獲得的。生起菩提心當下，就成為菩薩，所以即使所依身是在家人，也應當為一切天、人及聲聞、獨覺阿羅漢所禮敬。如同《入行論》中說[39]：「生死獄繫苦有情，若生真實菩提心，即刻得名諸佛子，世間人天應禮敬。」如果平常能夠修習的話，就能看看能否在相續中生起慈悲、大寶菩提心，這是非常重要的。

---

39 見釋如石譯《入菩薩行論》，簡稱《入行論》。

這樣的菩提心，其勝利或福德就如同提到：「菩提心福德，假設若有色，遍滿虛空界，福尤過於彼。」[40]假如成為色法的話，會獲得虛空界都容納不下的廣大福德。其原因為何呢？因為菩薩最初發心，是為了安置一切有情於佛地，以及讓一切有情遠離痛苦。總之，他非常廣大的意樂是為了利益一切有情，所以能夠獲得緣著每位有情的每份福德。有情無量無邊，由此了知菩提心的福德也無量無邊。在《入行論》等當中，以白芥子體積的理路等眾多理路成立菩提心的勝利是很廣大的[41]。「為了一切有情的義利」，或是「為了安置一切有情於佛地，願我獲得佛果」，

---

40 出自《勇授問經》，見法尊法師譯《菩提道次第廣論》卷9轉引。(CBETA 2023. Q4, B10, no. 67, pp. 687b24-688a1)

41 貢唐・寶教法炬大師在《現觀辨析第一品箋注》中，提出幾種可能為所謂「白芥子體積的理路」。《箋注》說：「僅僅在馬車車輪的空間裡，就有比三千世界的天、人更多的有情，如果從每位有情所獲得的福德都成為色法的話，就算各只有一粒芥子那麼大，也是連虛空也無法容納的量。心想白芥子體積的正理可能就是這個。」又說：「對此有人說：『如同三千世界充滿白芥子，往東方每經過一百個世界即放置一粒白芥子並計數，而白芥子會窮盡，世界卻不會窮盡，每個方位都是如此，因此成立所緣境的有情無量，如果彼成立的話，因為發心是為了彼一切的義利，所以成立利益是無量的，因為《入行論》中說：「有情界無量，欲饒益亦爾」的緣故。』有人說：如果了解一粒白芥子能夠產出些許的油，就會理解到無量的白芥子能夠產出無量的油。同樣地，如同親女的典故，僅僅想要去除所緣些許有情的局部痛苦——頭疾，就能產生無量福德的話，想要徹底盡除無量有情的一切痛苦，就會成就無量福德，因為《入行論》中說：『若僅思療癒，有情諸頭疾，具此饒益心，獲福無窮盡。況欲除有情，無量不安樂，乃至欲安置，別別無量樂』的緣故。」

對於這個欲得的意樂修心，當發起非造作的覺受時，就是在相續中生起了菩提心。最初剛生起的是願心，之後會生起行心。

生起行心的方式：當生起「為了一切有情的義利應當獲得佛果，為此應當修學一切佛子行！」這樣的意樂時，就生起行心。最初的願心，僅是希求獲得佛果，除此以外，並未趣入能得佛果的方便；之後生起行心時，便在相續中生起想著「為使一切有情獲得佛果，我要修學一切佛子行」的想法。此後若以儀軌受取行心，就會生起行心律儀或菩薩律儀，當相續中生起菩薩律儀，從此以後就必須直接實踐、修學一切佛子行。在相續中生起這樣的菩提心願心與行心，然後受取行心律儀，在修學一切佛子行當中，學習能成熟他相續的四攝事，以及能成熟自相續的六波羅蜜等，修學一切佛子行的道理全部都如《廣論》所說一般。《廣論》中只說到止觀之間，若按照五道的話，是宣說了資糧道以下。這之上加行道、見道、修道、無學道在《廣論》中並未直接宣說，所以必須研閱法相的教典而理解。

《廣論》中提到的諸道是如「修共同道」般，是顯密二者都必須要的共同道。又，「共同道」有說從頭親近知識軌理起開始。雖然有宣說三士道──共下士道、共中士道、上士道，但是

並未完整宣說三士道。除了到資糧之間，其他並未宣說。在上中下品資糧道時，必須在相續中生起寂止與勝觀。因此，這以上的道之次第與十地的論述全部都必須研閱廣大的法相教典而修學。即使是入密乘的行者，也必須要寂止以下的道。

　　大乘中有波羅蜜多乘與金剛乘二者，即使進入密乘，若未先熟練共通道，就沒有所謂入不入密咒。如果沒有先在相續中生起菩提心與證達空性的覺知，一開始就入密的話，不會發生作用。在相續中生起上述這些以後，再入密修持的話，是極為善妙的。因此提到共通的意涵，是指趣入密宗道時不僅必須先有上述這些，在波羅蜜多乘中也必須先有這些。所以波羅蜜多乘與密咒金剛乘二者所應修持共通的道，即《廣論》中提到的菩提心到止觀之間。如上述般，對此稱為共通道。如同《功德之本頌》中說[42]：「修共同道而成法器時，一切乘中最勝金剛乘，於此善緣士夫勝津渡，唯當順易趣入求加持。」

　　在大乘資糧道之後是大乘加行道或菩薩加行道。一般如果能

42　宗喀巴大師所造。參見《文殊怙主上師宗喀巴大師文集》對勘本第2冊，第2頁。
　　（宗喀巴大師著《文殊怙主上師宗喀巴大師文集》。印度：父子三尊文集編輯室，2019。）

研閱這種將地道的建立攝集一處、易於閱讀的經論，是很好的。由於大教典中這部份較難理解，而且從時間的角度也有困難，有許多能將大教典中五道十地的建立攝集而宣說的殊勝士夫的小部著作，首先閱讀那些著作是很好的。

如前所略述，大乘道中有異生道與聖道二種。不論何乘，資糧道與加行道二者是異生道，見道、修道、無學道三者是聖者道。相續中具有聖道的補特伽羅稱為聖者，相續中具有異生道的補特伽羅稱為入道異生凡夫。因此，大乘的資糧、加行道二者稱為勝解行地與異生地或異生道。

大乘加行道分為四科：一、性相；二、支分；三、異名；四、生起的方式。

第一科、菩薩的義現觀，這是大乘加行道的性相。如上已說明「義現觀為加行道」。不論三乘何者，義現觀同樣都是加行道的性相。

接著，加行道分為煖、頂、忍、世第一法四種。四者也都各有上中下三品。大乘加行道有四位三品十二道。大乘加行道、大乘順決擇分、大乘決擇支為同義異名。

字詞解釋：於見道發起加行，所以稱為加行道。「順決擇

分」的「決擇」是指見道，由於有益於其分，所以如此稱呼。「決擇支」是能獲得自果見道的支分，所以如此稱呼。「義現觀」是對於至言之義——粗細分無我其中一者——產生修所成的覺受，所以如此稱呼。

加行道在相續中生起的方式：如果並非大乘決定種姓者，而是小乘道為先行的話，稱為阿羅漢證德先行的大乘加行道行者。若就未曾先行小乘道的大乘決定種姓而言，最初獲得緣著空性的勝觀與獲得大乘加行道為同時。一般上品資糧道行者相續中有證達空性的寂止。正等引於寂止，而以觀擇空性的力量引生殊勝輕安時，就獲得緣著空性的勝觀；如此獲得緣著空性的勝觀時，資糧道行者即升為加行道行者。

又，譬如按照應成派的話，三乘的加行道最初獲得之時，都必須是證達空性的止觀雙運，所以在小乘加行道時也有獲得證達空性的止觀雙運，也因此如果先經過小乘道再進入大乘道的話，獲得證達空性的勝觀與獲得加行道就無法安立為同時。因此，這就與不同證類的宗派區分出了差別，如果是小乘道先行者的話，新獲得摧伏染汙所取分別心的特殊力量，與進入大乘的煖位加行道為同時。染汙所取分別心，是指見道所斷能取所取分別心有

一百零八個，其中有九個染汙所取分別心、九個清淨所取分別心、九個實有執分別心、九個假有執分別心，這四個根本支分必須結合四種加行道的所斷。如此一來，小乘道先行者的補特伽羅不能由於新獲得證達空性的止觀雙運而安立，所以說獲得摧伏現行染汙所取分別心的特殊力量時，就是獲得煖位加行道。染汙所取分別心必須與煖位加行道結合，清淨所取分別心必須與頂位結合，實有執分別心必須與忍位結合，假有執分別必須與世第一法結合。欲界有三十六個，色界有三十六個，無色界中三十六個，三組三十六個，稱為一百零八個能取所取分別心。

卷四

大乘見道中,有煩惱、粗分所知障、諦實執等眾多所斷,上述的一百零八個是見道所斷所知障。又譬如阿羅漢證德先行升為大乘加行道的標準,如果按照應成派的話,不能說從獲得緣著空性的止觀雙運開始,原因就是聲聞、獨覺也會獲得它。因此,從大乘資糧道升為加行道的標準是從何開始呢?是從能夠壓伏現行染汙所取分別現行開始,就升為大乘加行道。

如果四種加行道都稍作解說的話,煖位加行道:由於見道無分別智如同火一般,而出生見道的前兆——有如煖熱,所以稱為煖位加行道。火出現的前兆中會產生煖熱,以前在印度有所謂「鑽燧木」,磨擦樹木而生火的方法,是結合了這個譬喻。

頂位:未得頂位加行道以前,會由於諸如瞋恚的力量導致善根斷絕;從獲得頂位後,就不會由於瞋恚導致斷絕善根。因此,由於到達了動搖善根的頂端,所以稱為頂位加行道。在頂位加行

道時，也會獲得一種稱為超越斷善根憂惱的涅槃。

忍位加行道：由於新獲得不恐懼甚深法空性的忍，所以稱為忍位加行道。也可以說新獲得不恐懼空性的上品忍。一般來說，雖然從資糧道就有證達空性的覺知，但是沒有長久串習的話，要獲得不恐懼空性的忍略為困難。如果獲得忍位加行道的話，就不會由於業惑所致而生於惡趣，所以在此階段也會獲得一種稱為超越惡趣憂惱的涅槃。

世第一法加行道：相較於一切世間的善法，是最為超勝的，所以稱為世第一法。異生道稱為世間道，聖者道則是指出世間道，因此，資糧、加行道二者稱為世間道。而在世間道當中，世第一法加行道是最為超勝的，所以稱為世第一法加行道。世第一法加行道之後馬上就要獲得大乘見道。加行道的階段長久地串習空性，所有聲共相及義共相的現相都漸次消失，在世第一法加行道的最後階段接近於現證空性，他的第二剎那就同時現證空性與獲得大乘見道。獲得大乘見道、現證空性、相續中生起大乘見道無間道、獲得大乘十地論述當中的第一極喜地是同時的。

大乘十地的論述從大乘見道開始安立。「極喜」，指超越異生地，新獲得無漏智，生起一種極其強烈的歡喜，所以將初地稱

為「極喜」。獲得初地時，見道所斷像能取所取分別心的所知障品，以及煩惱障品的見道所斷全部被無間道所正斷，並且在正解脫道時斷除完畢。單純十地的數目，指獲得見道當下為第一極喜地，接下來第二無垢地、第三發光地、第四焰慧地、第五難勝地、第六現前地、第七遠行地、第八不動地、第九善慧地，以及第十法雲地，是菩薩的十地。從見道獲得初地，其餘都必須從修道獲得。獲得修道當下的行者也是獲得第二地當下的行者。他們必須從所斷之上安立。將所斷分為九品，斷除了各個所斷時會獲得各個地；依次圓滿所有修道時，所有菩薩的地就獲得完畢。

　　十地每一個地都會獲得許多功德，譬如獲得初地必須積聚一無數劫的資糧。只就證達空性而言，聲聞、獨覺也具有此，但未圓滿一無數劫的資糧，難以現證空性。必須獲得菩薩的方便分、成辦有情義利的方式、十二組一百個功德等的能力。必須圓滿許多資糧，所以獲得初地必須圓滿一無數劫的資糧；由於圓滿一無數劫資糧的力量，使得在初地會獲得十二組一百個功德，而從初地起每一個地會獲得十二組一百個功德等。初地的十二組一百個功德的第一者，是從無間道與正解脫道二種等引智出來到後得位，在一剎那間就能親見百佛、得以了知他們的加持、在一剎那

間能前往一百個佛剎、在一剎那間能照亮一百個佛剎,在一剎那間能撼動一百個不同的世界或能作有情的義利、在百劫中能不涅槃而住世、在一剎那間能開演一百個不同的法門、在一剎那間能成熟一百位有情、在一剎那間能將化現一百個自身、在一剎那間能令一百個身體旁都化現出一百位眷屬。這樣的功德在初地會獲得十二組一百個功德,第二地獲得十二組一千,第三地獲得十萬等等,依次在一剎那間躍升上地,並獲得超越我們內心的十二組百種眾多菩薩的功德。

十地五道、初地到十地之間的功德全部都是不可思議、不可言喻的。像這樣超越各自內心的功德會在菩薩中出現。如果我們也能生起菩提心並學道的話,必定會獲得這全部的功德,所以憶念佛子菩薩他們的功德,之後發願,透過竭盡所能地學習菩薩學處,由此好好修善、好好學習是極為重要的。一般你們的學習都相當好,由於依怙達波仁波切他的悲心,你們已經相當好了,仍然必須增長。主要對於慈悲、菩提心若能盡力思惟,使得在相續中生起菩提心的話,就會成為菩薩。成為菩薩而漸次修習,就會獲得十地菩薩的一切無數功德,最終獲得佛果。佛的功德尤其無法詮說。由於這樣的佛陀果位是所有人都能獲得的,所以緣著它

而修任何善，全都為了獲得佛果而回向，這樣的話，所作一切正法都會成為大乘法。

如此思惟後，必須令暇滿具足義利，並且能令佛陀大寶聖教在自他一切有情相續中增廣。執持佛教並不一定必須是僧人，不論僧俗都要執持，而且也都能夠執持！你們的相續中已經有佛教，所以必須透過教法所攝之教功德與證功德住持佛教。教證功德在你們的相續中也可以存在的，因而以各自相續中有佛陀大寶聖教為基礎，為了這樣的佛教在一切有情相續中能夠增廣，個人好好學習、好好發願是很重要的。大家必須把這些記在心中，其他我也沒有要多說的，謝謝大家！

紀錄者　索南。願一切賢善！
2019/5/31白晝

大慈恩・月光國際譯經基金會真如老師總監。如月格西授義。2024年4月27日夜,主譯釋如密會校全文訖。茲篇初由初稿譯師釋性照迻譯初稿,繼由主校兼審義譯師釋性浩據釋如法等譯《地道建立・三乘莊嚴論》譯本校定,於2023年6月15日修定主校稿訖。於今卒成,願以恭譯上師法寶仰報法恩,佛日增輝!譯場行政釋法行、張力元。

附錄

大慈恩譯經基金會簡介與榮董名單

大慈恩譯經基金會
AMRITA TRANSLATION FOUNDATION

創設緣起

真如老師為弘揚清淨傳承教法，匯聚僧團中修學五部大論法要之僧人，於2013年底成立「月光國際譯經院」，參照古代漢、藏兩地之譯場，因應現況，制定譯場制度，對藏傳佛典進行全面性的漢譯與校註。

譯經院經過數年的運行，陸續翻譯出版道次第及五部大論相關譯著。同時也收集了大量漢、藏、梵文語系實體經典以及檔案，以資譯經。2018年，真如老師宣布籌備譯經基金會，以贊助僧伽教育、譯師培訓、接續傳承、譯場運作、典藏經像、經典推廣。

2019年，於加拿大正式成立非營利組織，命名為「大慈恩譯經基金會」，一以表志隨踵大慈恩三藏玄奘大師譯經之遺業；一以上日下常老和尚之藏文法名為大慈，基金會以大慈恩為名，永銘今後一切譯經事業，皆源自老和尚大慈之恩。英文名稱為「AMRITA TRANSLATION FOUNDATION」，意為不死甘露譯經基金會，以表佛語釋論等經典，是療吾等一切眾生生死重病的甘露妙藥。本會一切僧俗，將以種種轉譯的方式令諸眾生同沾甘露，以此作為永恆的使命。

就是現在，您與我們因緣際會。我們相信，您將與我們把臂共行，一同走向這段美妙的譯師之旅！

大慈恩譯經基金會官網網站：https://www.amrtf.org/

AMRITA
TRANSLATION FOUNDATION

—— 創辦人 ——

真如老師

—— 創始董事 ——

釋如法 釋禪聞 釋徹浩 釋融光

—— 創始長老 ——

釋如證 釋淨遠 釋如淨

—— 創始譯師 ——

釋如密 釋性柏 釋如行 釋性華 釋如吉 釋性忠 釋性展 釋性理

—— 創始檀越 ——

盧克宙闔家 陳耀輝闔家 賴錫源闔家 簡清風 簡月雲 張燈技闔家
賴正賢闔家 吳昇旭闔家 吳曜宗闔家 青麥頓珠闔家 劉素音
李凌娟 彭奉薇 楊勝次 桂承棟闔家

—— 創始志工 ——

釋衍印 釋慧祥 釋法行 釋性由 釋性回 胡克勤闔家 林常如闔家
李永晃闔家 李月珠闔家 潘呂棋昌 蔡纓勳

創始榮董名單

真如老師　楊哲優闔家　蕭丞莛　王名誼　釋如法　賴春長　江秀琴
張燈技　李麗雲　鄭鳳珠　鄭周　江合原　GWBI　蔡鴻儒　朱延均闔家　朱崴國際　康義輝　釋徹浩　釋如旭　陳悌錦　盧淑惠　陳麗瑛
劉美爵　邱國清　李月珠　劉鈴珠　楊林金寶　楊雪芬　施玉鈴
吳芬霞　徐金水　福泉資產管理顧問　王麒銘　王藝臻　王嘉賓
王建誠　陳秀仁　李榮芳　陳侯君　盧嬿竹　陳麗雲　張金平　楊炳南
宋淑雅　王淑均　陳玫圭　蔡欣儒　林素鐶　鄭芬芳　陳弘昌闔家
黃致文　蘇淑慧　魏榮展　何克灃　崔德霞　黃錦霞　楊淑涼　賴秋進
陳美貞　蕭仲凱　黃芷芸　陳劉鳳　楊耀陳　沈揚　曾月慧　吳紫蔚
張育銘　蘇國棟　闕月雲　蘇秀婷　劉素音　李凌娟　陶汶　周陳柳
林崑山閤家　韓麗鳳　蔡瑞鳳　陳銀雪　張秀雲　游陳溪闔家　蘇秀文
羅云彤　余順興　Huang,Yu Chi闔家　林美伶　廖美子闔家　林珍珍
蕭陳麗宏　邱素敏　李翊民　李季翰　水陸法會弟子　朱善本　顏明霞闔家　劉珈含闔家　蔡少華　李賽雲闔家　張航語闔家　詹益忠闔家
姚欣耿闔家　羅劍平闔家　李東明　釋性修　釋性祈　釋法謹　吳宜軒　陳美華　林郭喬鈴　洪麗玉　吳嬌娥　陳維金　陳秋惠　翁靖賀
邱重銘　李承慧　蕭誠佑　蔣岳樺　包雅軍　陳姿佑　陳宣廷　蕭麗芳
周麗芳　詹尤莉　陳淑媛　李永智　程莉闔家　蘇玉杰闔家　孫文利闔家　巴勇闔家　程紅林闔家　黃榕闔家　劉予非闔家　章昶　王成靜
丁欽闔家　洪燕君　崔品寬闔家　鄭榆莉　彭卓　德鳴闔家　周圓海
鄒靜　劉紅君　潘竑　翁梅玉闔家　慧妙闔家　蔡金鑫闔家　慧祥闔家
駱國海　王文添闔家　翁春蘭　林廷諭　黃允聰　羅陳碧雪　黃水圳
黃裕民　羅兆鈞　黃彥傑　俞秋梅　黃美娥　蘇博聖　練雪湊　高麗玲
彭劉帶妹　彭鈺茹　吳松柏　彭金蘭　吳海勇　陳瑞秀　傅卓祥

創始榮董名單

王鵬翔　張曜楀闔家　鄧恩潮　蔡榮瑞　蔡佩君　陳碧鳳　吳曜宗
陳耀輝　李銘洲　鄭天爵　鄭充閭　吳海勇　鐘俊益邱秋俐　鄭淑文
黃彥傑闔家　任碧玉　任碧霞　廖紫岑　唐松章　陳贊鴻　張秋燕
張火德闔家　釋清達　華月琴　鄭金指　鉦盛國際公司　林丕燦張德義
闔家　高麗玲闔家　嚴淑華闔家　郭甜闔家　賴春長闔家　馮精華闔
家　簡李選闔家　黃麗卿闔家　劉美宏闔家　鄭志峯闔家　紀素華
紀素玲　潘頻余潘錫謀闔家　莊鎮光　鍾淳淵闔家　林碧惠闔家
陳依涵　黃芷芸　蔡淑筠　陳吳月香陳伯榮　褚麗鳳　釋性覽釋法
邦　林春發闔家　張健均　吳秀榕　葉坤土闔家　釋法將林立茱闔家
黃美燕　黃俊傑闔家　陳麗瑛　張俊梧楊淑伶　吳芬霞　邱金鳳
邱碧雲闔家　詹明雅　陳奕君　翁春蘭　舒子正　李玉瑩　楊淑瑜
張陳芳梅　徐不愛闔家　林江桂　簡素雲闔家　花春雄闔家　陳財發
王潘香闔家　鍾瑞月　謝錫祺張桂香闔家　李回源　沈佛生薛佩璋闔家
地涌景觀團隊　張景男闔家　李麗雲　張阿幼　古賴義裕闔家　蘇新
任廖明科闔家　鍾乙彤闔家張克勤　羅麗鴻　唐蜀蓉闔家　蔡明亨闔
家　陳卉羚　楊智瑤闔家　林茂榮闔家　艾美廚衛有限公司　郭聰田
曾炎州　林猪闔家　張幸敏闔家　呂素惠闔家　林登財　李明珠
釋清暢歐又中闔家　李文雄闔家　吳信孝闔家　何庚燁　任玉明
游秀錦闔家　陳曉輝闔家　楊任徵闔家　洪桂枝　福智台南分苑
張修晟　陳仲全陳玉珠闔家　黃霓華闔家　釋聞矚劉定凱闔家　林淑美
陳清木張桂珠　張相平闔家　潘榮進闔家　立長企業有限公司　李明霞
闔家　林翠平闔家　張米闔家　林祚雄　陳懷谷闔家曾毓芬　陳昌裕
闔家　釋清慈闔家　楊勝次闔家　楊貴枝蕭毅闔家　釋性亨

磐石榮董名單

吳婉熒闔家　吳峯源闔家　黃金美闔家　曾碧娟　林裕總　劉杰昑
宋嬌娥　洪碩伯　李彩鳳　蔣樂三　張國基張育誌闔家　施麗興闔家
陳淑慧李清秀闔家　林欽榮闔家　劉昱岑林俊勳闔家　邱秋俐　劉南宏　吳美奇等一切眾生　林月鳳　王淑蘭闔家　林石根闔家　林瑜溍
李回源　虞秀英　曾青英　陳錦雯潘源凰闔家　鳳山寺台中道場
唐淑貴　鄭惠娥闔家　施順發張月容闔家　王年煜　吳蘭英吳鈺琴闔家
鄭琲　何宜娟闔家　魏寶春林文輝闔家　陳慶雄　程惠英闔家　鍾菊英闔家　蔡瑞珠瞿仁美　劉品麗楊仁彰闔家

榮董名單

2024-2025年

黃顯珺　王彬彬　鍾圭郎鍾文挺　廣翼班　陳金綢闔家　黃長彥邱孌　黃麗美　陳素意　梁意玉闔家　蘇清蓉闔家　楊振元　黃嶺闔家福慧圓滿　林猷民闔家　李深才　陳芳咪　朱冠宗闔家　楊淑淇　張永平闔家　陳金選　吳惠美　宋清泉　林長豪闔家　莊黃尋　杜祖翰闔家　林美蘭　楊秀錦吳新吉　劉素媛　黃慈黃嘉財闔家　王惠玉　唐預楨　邱龍妹闔家　園區親近善士班　許楊西女　楊誠理劉菁菁　林本源　劉明桐闔家　陳麗光　王金川　王蕾綺　王恩泉　李舜基　張明良　王碧月闔家　賴素靜狄景力闔家　蔡麗美闔家　張如茵闔家　張吉雯闔家　吳耀焜陳桂花闔家

2025-2026年

林勵延闔家　蘇李梅　梁甯栞　簡含少李凌王來春　梁明泰闔家　蔡錦霞闔家　廖玉蘭　趙翊瑾闔家　呂振隆闔家　呂添瑞闔家　鄭巧珍　李瑞恒黃秀治闔家　林姿秀闔家　廣論承載團闔家　尹淑萍　李憲闔家　張春生闔家　王奕淇　王浩安　王玉章　林春敏張月綺闔家　楊明士闔家　23攝2班

地道建立・三乘莊嚴甚深引導筆記

造　　　論	功德海格西
總　　　監	真　如
授　　　義	如月格西
主　　　譯	釋如密
主　　　校	釋性浩

責 任 編 輯	伍文翠
美 術 設 計	張福海、吳詩涵
排　　　版	華漢電腦排版有限公司
印　　　刷	上海印刷廠股份有限公司

出　版　者	福智文化股份有限公司
地　　　址	105407 台北市松山區八德路三段 212 號 9 樓
電　　　話	(02) 2577-0637
客服 Email	serve@bwpublish.com
官 方 網 站	https://www.bwpublish.com/
FB 粉絲專頁	https://www.facebook.com/BWpublish/

總　經　銷	時報文化出版企業股份有限公司
地　　　址	333019 桃園市龜山區萬壽路二段 351 號

出 版 日 期	2025 年 3 月　初版一刷
定　　　價	新台幣 240 元
Ｉ Ｓ Ｂ Ｎ	978-626-98248-6-1

版權所有・請勿翻印　Printed in Taiwan

※ 如有缺頁、破損、倒裝，請聯繫客服信箱或寄回本公司更換

本書所得用以支持經典譯註及佛法弘揚

國家圖書館出版品預行編目(CIP)資料

地道建立：三乘莊嚴甚深引導筆記/功德海格西造論；釋如密主譯. -- 初版. -- 臺北市：福智文化股份有限公司, 2025.03
　　面；　公分
　　譯自：ས་ལམ་གྱི་རྣམ་གཞག་ཐེག་གསུམ་མཛེས་རྒྱན་གྱི་ཟབ་ཁྲིད་ཟིན་བྲིས།
　　ISBN 978-626-98248-6-1(平裝)

1. 藏傳佛教　2. 佛教修持

226.965　　　　　　　　　　　　114002375